100万回飛びこんだ男

成功へと導く昭和流仕事術のススメ

かざひの文庫

プロローグ

「皆さん、営業は最高に楽しい仕事です‼　これほどやりがいのある仕事はありません‼

今日から皆さんも、この素敵な営業という仕事の第一歩が始まります‼」


今から40年前、1983年4月――。

当時はまだ日本中に證券ブームを巻き起こしたバブル景気が始まる3年ほど前。

一浪の末、4年間で大学を卒業した私は、新卒で入社した中堅どころの證券会社の小柳證券の本社にある新人研修会場にいました。いかにも新入社員らしい不慣れなビジネススーツに身を包んだ同期30名と一緒に、4月から1カ月間、證券マンとしての心得や営業の基本を叩きこまれるのです。

「お客様から契約をいただいたときの喜び。その喜びに勝る喜びはありません。まるで天にも昇るような気分。それが営業という仕事です！　ぜひ皆さんにもその喜びを味わって欲しい！　ここにいる皆さんもいずれ必ず、その喜びをわかるようになります！」

私たち研修生の前に立った研修部長の藤木部長がマイクを通して会場中に響き渡る声で、営業の何たるかを研修生に教えてくれています。

白髪交じりの口髭を生やして、度の強い銀縁メガネをかけた藤木部長は、外見からすると50歳ぐらいでしょうか。一見温厚そうに見えますが、かつては支店長として営業最前線でやり手営業マンとしてバリバリに活躍し、現在は現場を離れて新人研修を担当しているのです。そんな藤木部長のひと言ひと言には、厳しい営業の世界を生き抜いたやり手のベテラン営業マンとしての重みがあります。社会人になりたての私たち新人研修生は、大先輩からの訓示をひと言も聞き漏らすまいと真剣に耳を傾けています。

「営業の基本は飛びこみです！　飛びこみ営業こそ営業の基本です!!」

研修会場に響き渡る藤木部長の熱のこもった熱い言葉は、私の心に一瞬で火をつけました。

私はこれから始まる営業という仕事への闘志をメラメラと燃やしていました――。

ここで少し私の自己紹介をさせていただきたいと思います。

東京都渋谷区生まれの私は、千葉県の津田沼で幼少期を過ごしました。父親は小豆や米などを取引する商品取引所のサラリーマン、母親は自宅の1階でパン屋を営む、ごく平凡な家庭に育ちました。父親の実家は東京の目黒、母親の実家は沖縄本島の首里城近くの金城町。私には1／4だけ沖縄の血が入っています。

学年で4つ上の兄が一人。兄弟仲はいいほうでしたが、兄は独立心が強くてケンカが強いけれど、私は甘えん坊でケンカが弱く、兄がいじめた子に私がいじめられることがよくありました。

子供の頃からの愛称は「あんちゃん」。

そんな私ですが、幼少の頃からひょうきん者で人を笑わせるのが大好きでした。

沖縄出身の父を持つ母親は4人兄弟で、母親が長女の3姉妹、一番下に弟。それぞれ結婚して子供がいるので、正月には品川に住む祖父のところに20人近くの子や孫が集まります。そうした親戚の集まりの席では、いつも私が率先してみんなの前で歌ったり踊ったりして、みんなを喜ばせたものです。

あれは幼稚園の頃、当時流行っていた郷ひろみの歌を振り付きで歌って踊って、親戚みんなを楽しませたことを覚えています。郷ひろみ、西城秀樹、フォーリーブス、歌番組を見るのが好きだった私は、兄のレコードを勝手に聞いては兄によく怒られました。

その後父親の仕事の関係もあって、私が小学校3年生に上がるときに津田沼から渋谷区西原近くに引っ越しました。

小学生の頃の将来の夢はパイロット。当時流行ったスチュワーデスのドラマ『アテンションプリーズ』に出てくるパイロット役を見て「カッコいい」と憧れたのです。

「パイロットになりたい！　女の子にモテたい！　みんなからカッコいいと言われたい！」

どうやら当時から〝人に認められたい〟〝モテたい〟という思いが強かったようです。

逆にいうと〝自己肯定感が低い〟のかもしれませんが。

「人に認められたい」その思いは今に繋がっています。営業マンはお客様に認められて信頼を得られないと、いくら商品が良くても絶対に契約をいただけません。おそらく今も営業マンとして私を動かしている原動力は「人に認められたい」という思いなのだと思います。

パイロットと同様に憧れたのが、一流ビジネスマン。商社マンになって世界を駆け巡りバリバリ活躍したかったのです。

当時はまだ海外に誰でも気軽に行ける時代ではありませんでした。芸能人のハワイぐらいなもの。一般人は海外にはそう簡単に行けない時代でした。

「海外に行きたい！　みんなからカッコいいと憧れられたい！」

だからパイロット。だから商社マン。単なるミーハーです。

小学校から中学校と地元渋谷区の公立校に通った後、高校は都内の私立高校へ。

高校は進学校だったものの、毎日のように授業を抜け出しては制服のまま友達と雀荘で麻雀三昧、あとはゲーム喫茶でインベーダーゲーム、そしてナンパの日々。そんな生活で勉強ができるわけもなく、大学受験に失敗。

父親から「予備校の学費は出してやるが、小遣いは自分で稼げ」と言われて、新聞配達をしながら浪人時代を過ごし、一浪の末、志望校の慶応大学に見事合格……するわけもなく、それどころか成績が悪すぎて受けることすらできず。ようやく引っかかったお坊ちゃま大学へ辛うじて入学。我が母校にこんなことを言うのは申し訳ないのですが、この時点で学歴社会から脱落しました。

大学に入ってからも相変わらず麻雀にナンパ、それに飲み会の日々。兄は大学時代にスキー部でバリバリの体育会系でしたが、一方の私は当時流行っていた軟弱な愛好会。みんなで和気藹々と、ゴルフ、テニス、スキーをシーズンごとに楽しむサークル活動に勤しみました。

気がついたときには4年生。大学4年間たいした勉強もせず、ろくな準備もせずに就職活動に突入した結果、当然のように受ける会社受ける会社、ことごとく落ちました。

商品取引所勤務の父親から「これからは證券の時代だから證券会社を受けたほうがいいぞ」と言われた言葉を真に受けて、何も考えずに證券会社を手当たり次第に受けて全部ダメ。日興證券、大和證券、三洋證券、勧角證券……大手から中堅まで全部不採用。エリートが集まる野村證券なんて、ハナから相手にされないとわかっているので受けることすらしませんでした。

商社も受けました。子供の頃からの夢ですから。一流ビジネスマンになるのが。

就職相談で学生課から「無理だから受けるな」と完全否定されたにもかかわらず、強引に受けました。天下の伊藤忠商事。もちろん不採用。

子供の頃のもう一つの夢だったパイロットは、目が悪いから諦めました。

もしも受けていたら……当然落ちたでしょうけど。

就職試験では、まず大学の名前で落とされます。わかってはいても、学歴社会のシビアな現実を身に染みて味わいます。運良く面接までこぎつけても、面接で落とされました。

実は私、面接が苦手なんです。

いまだに苦手で、子供の幼稚園や小学校のお受験のときの親の面談でも失敗ばかり。

「なぜ我が校をお選びになったんですか？」

そう聞かれて答えようとしても、

「あーうー」「あわわわ……」

自分でも何言ってるのかわからなくなってしまいます。

「営業マンなのに何で？」「お前よくそんなので営業ができるな」と友達にも呆れられますが、苦手なものは仕方ありません。営業の〝1対1〟は得意でも、〝3対1〟は弱い。営業で自分を売りこむのは得意でも、面接で売りこむのは苦手。相手が複数いると頭が真っ白になって、聞かれた質問に上手く答えられないのです。上手く話そうとすればするほど言葉に詰まってしまいます。人前でスピーチするのも大の苦手です。

そうこうしているうちに就職活動も終盤に差しかかり、友達が次々に就職先が決まっていく中、私一人どこも決まりませんでした。

「このままどこも決まらなかったらどうしよう……。どこか拾ってくれないかなあ」

半ば諦めにも似た境地で受けた中堅どころの小柳證券。

奇跡的にも最後の最後にやっと拾ってくれました。おそらく営業要員になるならば誰でもよかったのでしょう。ほぼ全員合格しましたから。

「これでオレも憧れの證券マンだ」

正直いえば、證券マンに憧れたことなど一度もありません。なにしろ夢はパイロットか一流の商社マンでしたから。そのどちらも夢破れた今、もう何だっていい。自分を活かせる仕事なら何でもいい。いえ、自分を雇ってくれる仕事なら何だっていい。

「親父が言うように、これからは證券の時代だからな」

学生時代にろくすっぽ勉強もしてこなかった私に、そんな時代背景などわかるはずもないのですが、父親の言葉の受け売りです。そう思いこみました。

とはいえ当初から私が営業志望だったのは間違いありません。何よりも子供の頃から人と話すのが好きだから。人を喜ばせることが大好きだから。

「営業こそ自分に向いている」

……というか、総務とか経理とか無理だし。じっとしてるより体を動かすほうが得意だったし。何はともあれ、小柳證券に営業マンとして採用されたのです。

「もちろん、営業は楽しいことばかりではありません。誰でも簡単に契約を取れるものではありません。特に新人の皆さんにとっては慣れないことばかりで辛いこともあるでしょう」

私たち新人営業マンを前に、藤木部長の言葉は続いています。

小柳證券に採用された同期30人全員、営業要員です。

證券会社は営業成績を上げるために新人を大量に採用するのです。大量に採用するのは、そのうちの9割は営業の仕事が嫌になって、ほぼ3年以内にやめてしまうから。実際に私のときも同期30名のうち、1年経って残ったのは半分もいませんでした。

今でこそネット證券が普及して、株式人口も増えましたが、当時はまだネット證券どころかインターネット自体普及していません。実際に紙の株券を発行して、株主自身が保管していたり、取引先の證券会社に預けていたり、売り買いの手続きも面倒なこともあり、まだまだ株式取引が一般に馴染みのない、へたをすれば胡散臭い代物のように思われていた時代です。そんな世の中で、顔も知らない営業マンがいきなり飛びこみでやってきて株の話をしたところで相手にされないどころか、水でもひっかけられて「帰れ!」と追い出されるのが関の山。毎日毎日その繰り返しでは、嫌になってやめてしまうのも当然です。

それでも会社としてはなんとしても売上を上げて成績を残さなければいけません。それが證券会社として生き残るための至上命令。過酷な證券営業という仕事に、いかにモチベーションを高くして臨ませ、営業成績を上げさせるのか。それが新人研修の一番の目的なのです。

「ときには挫折することもあるでしょう。しかしやがて必ず光が見えてくる！　お客様から契約をいただく喜び。これは何物にも代えがたい喜び。苦しみや挫折があっても、その先の景色は格別です!!」

優秀な営業マンだった藤木部長の言葉は一つ一つに重みがあり、これから営業マンとしての第一歩を踏み出そうとする私たち新人研修生の心にずっしりと響き渡ります。

そしていよいよ新人研修も最後に差しかかったとき、ここで一段と藤木部長の声が張り上がりました。

「営業の喜びを得るには、１日10軒飛びこむぐらいではダメです。目標、１日１００軒!!毎日毎日１００軒!!　雨の日も風の日も雪の日も、地道に１００軒!!」

そして藤木部長は私たち新人営業マンを鼓舞するかのように熱い言葉で檄を飛ばしました。

「１日１００軒飛びこんだ先にどんな景色が見えるのか。さあ、その景色を見てきなさい!!!」

藤木部長の言葉は私の心を揺さぶり、魂にまで響き渡るようでした。

その日の研修を終えると、私は自分でも信じられないほど気持ちが高揚しているのを感じていました。

「営業って、そんなに素敵な仕事なのか!!」

まるで魔法にでもかかったかのように、私の目は輝いていました。

「よし！　毎日100軒飛びこもう！　その先にどんな景色が見えるのか、絶対に見てやる!!」

これから始まる営業という仕事に期待と希望で胸が膨らみ、ドクドクと脈打つのがはっきりわかります。

「1日100軒だと、1カ月で2000軒になるのか。1年で24000軒。今オレは23だから、あと40年やるとして……96万軒。どうせなら100万軒だ」

藤木部長の言葉に突き動かされたように、気がつくと私は自分自身に目標を掲げていました。

「よし！　オレは今日から100万軒飛びこむぞ!!」

そうです、この日この瞬間、私の営業人生がスタートしたのです――。

目次

プロローグ 002

第1章 夢と希望の證券営業 017

落ちこみ3秒
物怖じしない性格
飛びこむ勇気
行動力の原点
飛びこみ営業の基礎を作った課外活動
初めての契約
〝こんちはサヨナラ〟戦略
〝フォーユー・フォーミー〟作戦

初めての大口契約
肝に銘じた大失敗
「契約をいただく」という信念
初めて味わった〝命の危険〟
そこに家があるから飛びこむ

第2章
天国と地獄のセールス
073
海外赴任で味わった初めての挫折
心機一転の転職
社長からの鉄拳スパルタ教育
地獄の工場
悪魔の虐待
最後の砦
天国で見た青い海

高級布団のセールスマン
伝説の営業マン
東京で一旗揚げたい！

第3章 損保営業サバイバル

113
研修生としての覚悟
貫いた〝安藤流スタイル〟
トーク力より質問力
エリート社員を見返してやりたい！
駅の売店にも飛びこみ営業
最大のライバルとの熾烈なデッドヒート
初めての離島営業

幸運を呼んだ1枚のハガキ
1%の可能性に賭けて
ミッションインポッシブル営業

第4章
運命の出逢い 153

「エーアイエムサービス株式会社」
安藤博章を結婚させよう会
最悪のスタート
最初のデート
彼女の店に飛びこみアタック!
勝負の告白
初めての夜
プロポーズの言葉

第5章 栄光と挫折の代理店経営 189
年収2千万、飲み代2千万
経営者としてのリーダーの器
〝偉大なセールスマン〟の称号
売上6倍を目指して
念願の〝TOT達成〟
100万回飛びこんだ先に見えたもの
新しい人生を築くために
エピローグ 220

第1章 夢と希望の證券営業

落ちこみ3秒

入社してから1カ月間の研修期間を終えた新人営業マンは、それぞれ1名ずつ各支店に配属されます。

私が配属されたのは船橋支店。

全国にある小柳證券の全支店の中でも船橋支店の成績は優秀で、本社から表彰されることもありました。

船橋支店のスタッフは全員で13名。女性社員が3名、残りの10名が男性社員。

仕事に厳しくてノルマにうるさい40代の支店長を筆頭に、次長、課長、課長代理といて、それ以外は私を含めて全員ヒラの営業マン。中でも当時32歳の課長は優秀な證券マンで、私のことを「あんちゃん、あんちゃん」と呼んでかわいがってくれました。

「あんちゃん、営業の世界は厳しくて辛いけど、諦めずに続けていれば絶対にいい夢が見られるようになる。契約を取れるようになったときの喜びは格別だぞ」

課長には、ときどき仕事終わりに飲みに連れていってもらっては、酒を飲みながら営業のノウハウを教えてもらいました。

「100軒飛びこんで99軒断られるのは当たり前。1軒相手にしてもらえたらいいほうだよ。それでもめげずに続けること。無視されても、水かけられても、犬に吠えられても、ひるまずに飛びこめ」

　バリバリの現役営業マンとして活躍している課長の言葉は、駆け出しの新人の私にはとても頼もしく聞こえます。

「何よりも大切なのは〝お客様のために〟という気持ち。お客様のためを思っていい商品を売る。株を売ったり買ったりしていただくのもお客様の資産を増やすため。自分の成績のためじゃない。そこを決して忘れちゃいけない。〝お客様のために〟を忘れたら営業マン失格だ」

　課長からは営業マンとしての心得を叩きこまれました。

「そうか、無視されても、水かけられても、犬に吠えられても、何があっても飛びこむんだな。すべては〝お客様のために〟。よ～し、やってやろう！」

　その日私は、課長の言葉を胸に刻みました。

「行ってきま～す！」

　午前9時――株式市場が開き取引が開始されると同時に、私たち営業マンは一斉に営業に飛び出していきます。

　窓口を担当する女性スタッフや経理、総務担当と違って、店舗にいてもやることがない

営業マンは毎朝9時になると野に放たれるのです。

「今日はこの地区とこの地区を回ろう」

女性スタッフにコピーしてもらった地域ごとに分かれたゼンリンの地図を片手に、その日回る予定の地区にある家や会社に片っ端から飛びこんでいきます。そして飛びこんだらマーカーで印をつけていく。赤は「有望」、黄色は「見込み」、ダメなところは「×」。

スーツをビシッと着て、頭を七三にキチッと分けて、いかにも〝営業マン〟といった身なりで営業に回る人が多い中、私はスーツこそ着ていたものの、髪型はごく自然のまま、一応清潔感のある恰好はしていましたが〝素の自分〟で勝負していました。というか、〝素の自分〟も何も、そこまで気を使っていなかっただけですが。

「よし！　今日も1日１００軒飛びこむぞ‼」

バカがつくほど根が真面目な私は、新人研修のときに感銘を受けた藤木部長の言葉を、支店に配属されてからも実直に実践していました。

船橋支店に配属された初日――。

「いよいよ今日から営業スタートだ。負けないぞ！」

ケンカは弱いくせに負けん気だけは強い私は、同期のライバルたちの顔を思い浮かべながらそう呟いて自分に気合を入れます。

研修と違って、いよいよ本番。新人だからと甘えてはいられません。支店に配属された

1日目から、一端の営業マンとしてさっそく飛びこみ開始です。

「手当たり次第、しらみ潰しに飛びこもう」

当時私は渋谷から西葛西に移り、両親と一緒に住んでいました。船橋とは何の縁もゆかりもなかった私は、まったく土地勘もないうえにコネも人脈もありません。そのうえ子供の頃から不器用で要領の悪い私にできることは、とにかく地図を頼りに1軒ずつ当たってみるしかないのです。

「どこから行くか？」

船橋支店を出るとすぐ、本町通りという地元の商店が並んでいる通りがあります。

ここで課長から聞いた言葉が頭をよぎりました。

「飛びこみ営業は選んじゃダメだ。何も考えずに一番近いところから。隣から飛びこめ！」

どの家に当たるか考えていても仕方ありません。当たるも八卦、当たって砕けろの精神で、支店の隣の家から順番に片っ端から飛びこんでいきます。まさにしらみ潰しに地図に載っている家や商店、会社に飛びこみ、手当たり次第に潰していくのです。

♪ピンポ～ン♪

勢いよく呼び鈴を押します。

飛びこみ営業は勢いが肝心です。いったん躊躇してしまうとモチベーションが下がって「さあ行くぞ！」という勢いが削がれてしまいます。飛びこむと決めたら、選り好みせず

に飛びこむこと。それが飛びこみ営業の極意です。

「どなたですか？」

ドアが少し開き、ドアの隙間から顔が見えた瞬間、

「すぐそこの小柳證券の安藤博章と申します。新人でこの地区を担当させていただくことになりました」

なにしろ営業なんて今まで一度もやったことがない初心者です。研修期間に新人同士でロールプレイングで練習したとはいえ、実地の飛びこみは初めて。

「本日はご挨拶にお伺いしました」

それだけ言うのが精一杯。

「うちは結構です」

あっさり断られてガチャリとドアが閉められました。

さすがにぶっつけ本番の飛びこみ営業で最初から上手くいくはずがありません。

「ダメだったかあ……」

普通なら落ちこむところでしょうが、私は落ちこみません。

「よし！　次に行こう、次！」

すぐに気を取り直して隣の家に飛びこみます。

なにせ子供の頃から私の取り柄は「落ちこみ3秒」。

嫌なことがあっても3秒もすればすぐに忘れられます。いえ〝忘れられる〟のではなく、本当に〝忘れてしまう〟のです。別の言葉でいえば「記憶力が悪い」。

人間は悪い記憶は忘れていくといいますが、私の場合はその強力なバージョンなのかもしれません。ひょっとして小さい頃から両親が共働きで鍵っ子だったこともあって、無意識のうちに「嫌なことは忘れよう」と、知らず知らずのうちに自分自身でコントロールしていたのかも。まあ、ただ単に生まれつき記憶力が悪いだけかもしれませんが……。

とにかく嫌なことを気にしていては前に進めません。落ちこんでいたら前に動けなくなります。いいのか悪いのか、私の記憶力は鶏かハムスター並みにすぐ忘れてしまうので、嫌なことを引きずることなく前に動き出すようにできているのです。

「落ちこみ3秒」

幸か不幸か、それが営業マンとしての大きな強みになりました。

「よし、次行ってみよう!」

1軒断られたぐらいで落ちこんでいる暇などありません。そんなやわな精神では證券営業マンが務まるわけありません。

営業にためらいは禁物です。なにせ1日に100軒飛びこまないといけないのです。

1日100軒のノルマを達成するために、私は何も考えず、ただ無心に隣の家のベルを鳴らしていました。

物怖じしない性格

子供の頃から物怖じしない性格だった私は、〝はじめまして〟の相手にも怖気づくことなく平気で声をかけられるタイプです。

小学校3年生のときに津田沼から渋谷へ引っ越したときにも、引っ越しと同時に友達が誰もいなくなった私は自分から友達づくりを始めました。普通の転校生なら、たいていはポツンと一人、誰か向こうから声をかけてくれるのを待つパターンですが、私はじっとしていられない性格なのです。

「ねえねえ、友達になろうよ！」

「今度一緒に遊ぼう！」

自分から積極的に動いて声をかけていきました。

物心ついたときから両親が共働きで鍵っ子だったせいか寂しがり屋で、両親が家にいない寂しさを埋めるかのように、至る所で友達づくりしました。

「はじめまして！　ボク、安藤博章。友達になろうよ！」

たぶん〝寂しがり屋＝人が好き〟なのだと思います。思えば、この頃から営業マンの資質があったのかもしれません。

小学校でも友達を喜ばせるのが大好きで、ひょうきんな私はみんなの前でバカをやっては笑わせていたので、転校生のくせに自分から図々しく話しかけても、みんなから嫌われずに済んだのでしょう。自分で言うのも何ですが、得な性格です。

足が速かった私は運動会の徒競走ではいつも1位。同じクラスで私と同じように走るのが得意だった佐藤くんと仲良くなって遊ぶようになってからは、ほぼ毎日、夕方お腹が空くと佐藤くんの家に上がりこんでいました。

家に帰っても母親のいない私は、佐藤くんと一緒に食卓に座って、まるで家族同然におやつ替わりにトーストを食べさせてもらったり、晩ご飯を食べさせてもらったり、ずいぶん図々しい子供でしたが、それでも嫌な顔をされなかったのは、やはりこれも私の得な性格のおかげかもしれません。

営業マンは物怖じしていてはできません。特に飛びこみ営業は気持ちが引いてモチベーションが下がってしまっては、飛びこめるものも飛びこめなくなります。自ら積極的に飛びこんでいって相手の懐に入るのです。そう考えると私は根っからの飛びこみ営業向きの性格なのかもしれません。

「はじめまして！　安藤と申します。よろしくお願いします！」

はじめましての相手に自分を積極的に売りこむのは、今も昔も変わらないのですから。

飛びこむ勇気

新人証券マンの一日は雑用から始まります。

朝7時半までに誰よりも早く来て、店舗のシャッターを開けます。

次にシャッターの下の隙間に挟まっている新聞を拾って閉じます。朝日新聞、読売新聞、産経新聞などの一般紙から、日経新聞などの経済紙、株式新聞などの証券新聞まで、10種類ぐらいの新聞が届いているのをみんな拾い集めて、来店したお客様が見やすいように専用ラックに吊り下げるのです。

雑用が終わったら、8時から朝のミーティング。

前日の商いの反省、今日の目標設定、支店の推奨銘柄を挙げて営業会議です。

今から40年も前ですから、当時は〝パワハラ〟なんて言葉もありません。成績が悪い営業マンはみんなのいる前で支店長から厳しい吊るし上げを食らいます。

「何で売上が上がらないんだ!!」

「キミは昨日一日何やってたんだ!!」

「こんな成績じゃ営業マン失格だ!!」

支店長の怒気を含んだ叱咤激励が飛び交う中、毎朝ギスギスした雰囲気で一日が始まります。

8時半頃になると、お客様が来店し始めます。

当時は今のようにネット證券などない時代。自宅で手軽に株価を見ることができないので、熱心なお客様は店頭にある株価ボードで株価の動きをチェックしに来るのです。

午前9時、株式市場の取引が始まると同時に営業マンはお客様が入ってくる入り口とは別の裏口から飛び出していきます。

「行ってきま〜す!!」

こうしてその日の営業が始まります。

私のノルマは〝午前50軒〟〝午後50軒〟。合わせて1日１００軒。

自分に課したこのノルマを果たすために、休む間もなく次々に飛びこみます。

♪ピンポ〜ン♪と鳴らして、相手が出てこなくても〝1軒〟。

相手が出てきて「こんにちは！」と挨拶して、私の顔を見て無言でガチャンと閉められても〝1軒〟。

とにかく自分で動いたことが1軒です。

営業マンの中には〝ピンポ〜ン〟と鳴らせない人もいます。「出てきたらどうしよう……」と怖くて、ためらってしまうのです。

営業マンといえども人間です。誰しも相手にされないのは怖いのです。「なんだお前は」

と蔑まれるような目で見られて断られると、仕事とはいえなんだか自分の人格そのものを否定されたような気がして、ずっしりと重たい気分になって落ちこむものです。

正直いえば、かつて新人時代の私も感じることはありました。いくら物怖じしないとは
いえ、見ず知らずの家に飛びこむのをためらうことだってあります。
だから行動したら1軒。

1軒飛びこむ勇気。

1日100軒ということは、その1軒の勇気を100軒分出さないといけないのです。

それを私は実直に守りました。ちゃんと毎日100軒数えました。バカ正直ですから。

「こんにちは。小柳證券の安藤です。この地区を担当させていただくことになりました。
本日はご挨拶に伺いました」

それを毎日100軒繰り返します。

それでも一向に契約は取れません。契約どころか話もまともに聞いてもらえません。

「結構です！」

「必要ないです！」

「帰ってください！」

「……（無言で睨まれる）」

飛びこみ営業はそんなに甘いものではありません。課長の言葉にもあったように、慣れ

ている営業マンでも100軒回って、そのうち1軒契約が取れれば上々です。慣れない新人の頃は「なんだ、この若造が」という顔をされて、ほとんど相手にしてもらえません。

それでもコネも人脈もないうえに、既存の顧客が誰もいない新人営業マンは、飛びこまなければ何も始まらないのです。

行動力の原点

私が通った高校は男子校で、板橋区にある私立の進学校でした。

まわりの同級生たちは受験に向けて真面目に勉強する中、私はといえば2年生の頃から授業を抜け出しては学ラン着たまま友達と雀荘に入り浸って麻雀三昧。麻雀していないときはゲーム喫茶でナポリタンとアイスコーヒーを飲みながらインベーダーゲームに興じる毎日。そして「今日も帰りに行くか」と、学校帰りに友達と毎日のように繰り出したのが新宿。そこで何をするかといえば、女の子に声をかけるのです。いわゆるナンパです。

なにしろ男子校ですから華やかな出会いがありません。健康な高校生の男子たるもの、女子とはお知り合いになりたい。「どこかで出会いがないものか」となると、やることは一つ。自ら行動を起こすしかありません。そこはコネも人脈も何もない新人営業マンと一緒です。

そもそものきっかけは中学1年のときでした。

当時私が密かに好きだった同級生の女の子から「ちょっと安藤くんに話があるんだけど」と放課後にお呼び出しがかかったのです。

「ま、まさか……告白⁉」

期待に胸を目一杯膨らませて雲の上を歩くような気分で呼び出された校舎の裏に行くと、私を待っていたその子が恥ずかしそうにうつむきながら呟きました。

「私ね、好きな人がいるの」

「ええ、そうなの？」

今にも嬉しくて叫びそうになるのをグッとこらえて、そう言ってとぼけてみます。

「その人、すごくカッコいい人なの」

子供の頃から今の今まで「カッコいい」なんてひと言も言われたことはありません。自分では内心「そこそこイケてるんじゃないの、オレ」と自負してはいても、どうやら世間の評価は違うようです。足だけは速いけどケンカも弱いし、ひょうきん者で人には好かれるけど、残念ながら女の子にモテるタイプではありません。

でも、そんな私の目の前で、彼女は私に向かって「カッコいい」と言ってくれたのです。

「……でね、その人なんだけどね」

ドキドキしながら彼女の口から「安藤くん」という名前が出るのを待っていると、そこから待っていたのは衝撃的な展開でした。

「あんどうくん……」

――ゴクリっ――

「……のお兄さん」

「へっ⁉」

「何度か駅で見かけたんだけど、すごくカッコいいよね！　好きになっちゃった」

4つ上、当時高校2年の兄。確かに兄はケンカも強いし、スポーツマンで頭も良くてカッコいい。どれを取っても弟の私より勝っています。

でも何で、よりによって兄貴なの⁉

せめて他の男でもいいじゃないの。

「あの～、オレに話って？」

「それでね、お兄さん、紹介してくれない？」

「はぁ～⁉」

彼女の言葉は、当時中学1年だった安藤少年を打ちのめしました。

てっきり自分への告白だと思ったら、自分の好きな女の子が実は兄貴のことを好きで、かつ紹介して欲しい……。

天国から一気に地獄に突き落とされた気分です。

「何なんだよ、チクショー！」

家への帰り道、ショックと同時に悔しくて情けない気持ちが溢れてきます。

「しょせんオレのこと好きなわけないよな……」

普通ならここでガクッと落ちこんで何日か立ち直れないでしょう。

しかしここでも打たれ強い私はすぐに立ち直りました。〝落ちこみ3秒〟の本領発揮。

すぐに気持ちを切り替えて前を向きました。

「こうなったらもう自分から声をかけるしかない！」

その瞬間、私の運命は決まりました。

いくら待ってもどうせ女性から声をかけてもらえるはずがない。ならば自分から動くしかない。

「オレは待っててもダメだ。攻めるしかない！」

それが私の原点。

自分から動く。

自分から攻める。

営業と同じ。待っていてもお客様から来てはくれません。自分から動いて飛びこむしかないのです。

中学1年のときの失恋経験が、その後の私の行動力の源になったのです。

飛びこみ営業の基礎を作った課外活動

世の中には2つのタイプがいます。

何かやろうと思ったときに「よし、やろう」とすぐに行動を起こすタイプ。

「ちょっとできないな」と躊躇するタイプ。

私は前者です。行動しました。躊躇するという選択肢は私の中にはありません。

「女の子と知り合いたい。お友達になりたい」

そう思えば即行動。放課後の課外活動に出かけます。学校帰りに新宿に出て、女の子に声をかける〝ひと声活動〟です。

私にあやかりたいのか、いつも悪友連中が2〜3人ついてきました。声をかけるのは、たいてい2人組か3人組の女子です。私が先頭切って声をかけて、もし上手くいけば一緒についてきた友達もおこぼれに預かれるわけです。

新宿の歌舞伎町から西口、東口から新宿三丁目に至るまで、新宿周辺一帯が当時の私の活動エリア。

「こんにちは。今暇ですか?」

私の声のかけ方はいつも直球です。変化球はありません。営業もナンパも直球勝負です。

「この近くに美味しいパスタのお店があるんですけど、よろしければちょっと一緒に食べに行きませんか?」……ぐらい、少しは女性の気を引くようなこと言えばいいのに。

「今暇ですか?　お茶飲みませんか?」

「……」

たいてい無視されて終わり。

しかも学ランに寸胴のズボンをはいて、アイパーでばっちりキメた髪型。当時流行っていた〝花の応援団〟風の硬派な恰好をしてナンパするのですから、声をかけられたほうの女の子も怖がってついてくるはずありません。

無視されるならまだいいほう。「(ナニこの人!?)」とギロっと睨まれたり、目を合わせないようにして、何か気味悪いものでも見たかのように足早に去っていく子もいます。

「またダメか」

飛びこみ営業と一緒でバンバン断られます。100人声かけて、1人でも相手にしてもらえればいいほう。まったく相手にしてもらえないこともしょっちゅう。

「断られて当たり前。気にしない気にしない」

ここでも持ち前の〝落ちこみ3秒〟です。

ついでにいえば〝後悔2秒〟。

声かけたことを後悔したって始まりません。営業も同じです。飛びこんで断られても、落ちこんだり後悔しても仕方ないのです。

「落ちこみ3秒、後悔2秒」

断られてもシュンとする暇もなく、「はい、次」です。

「こんちは。お茶飲みませんか？」

〝プイっ〟とそっぽ向かれて拒絶されても全然気にしません。

「ダメ。はい、こっち」

躊躇する間もなく、次から次へと声をかけていきます。とにかく片っ端から。ストライクゾーンにボールの端っこでもかかっていればガンガン行く。

たとえ三振したっていいんです。空振りを恐れていてはナンパも営業もできません。野球は素振りをどれだけ多くしたかで一流バッターになれるか決まるように、営業もナンパも大切なのは素振りの回数。

「選り好みしないで飛びこめ」

新人の頃、課長から言われたように、営業もナンパも選んではダメ。選ぶとどうしても躊躇します。勢いよくバーッと飛びこんだほうがいい。いったん考えると、そこでエネルギーがダウンしてしまいます。

不思議なもので、時間をかければかけるほど自分の中のいやらしさや欲が出てくるのです。営業なら「お客様になって欲しい」「契約が欲しい」「お金が欲しい」。ナンパなら

「この子と手を繋ぎたい」「おつき合いしたい」。顔には出さなくても、そういった欲があると、どうしてもいやらしさが滲み出てしまいます。

「失敗は自分の欲」

営業もナンパも失敗の原因は〝自分の欲〟です。

営業も「売りたい」と思ってお客様に相対します。ナンパも「仲良くなりたい」と思って声をかけます。「売りたい」と思うとどうしても緊張します。もちろん「売りたい」気持ちは根底にはいつでもありますが「絶対に売らなくちゃ」という気持ちが強いと緊張して上手くいきません。

それがだんだんふ～っと無心の境地に入りこむ瞬間があります。欲がなくなる瞬間。いやらしさが消える瞬間。私欲がなくなって〝無心〟になったときに上手くいくようになります。

営業とナンパは相通じるものがあります。どちらも禅の精神のような境地に達したとき、上手くいくようになるのです。

そこに至るには〝数〟。場数を踏むことです。分母を増やさないことには成功体験も増えません。営業もナンパも、しょせん一発必中の精度を求めても無駄なのです。

私は誰よりも場数を踏みました。その結果、営業もナンパも成功率が上がりました。場数を踏めば踏むほど、上手くいくかどうかがだんだんわかるようになります。

科学ではなく感性。ナンパなら「この子はいけるだろう」、営業なら「この人は契約取れるだろう」それがなんとなくわかるようになっていきます。根拠は何もないけれど「この人は大丈夫そうだな」と思うと、契約が取れるものです。逆に「ダメそうだな」と感じたら、すぐに「サヨナラ」です。もちろん最初は何もわかりませんでしたが、今では相手の声のトーンや見た感じで見分けられるようになりました。

それはひとえに経験です。いかに場数を踏むかです。

「断られるのは当たり前。さっさと切り替えて次！」

学生時代のナンパ活動が、その後の営業活動に活かされました。

断られてもめげずに次に行く前向きな姿勢が、飛びこみ営業もナンパも大事なのです。

初めての契約

船橋支店で営業を始めて1カ月過ぎましたが、相変わらずまったく成果は上がりませんでした。

成果が上がらないどころか、水をひっかけられそうになったことも何度もあります。「帰れ！」とばかり、こちらにホースを向けて水をかけてくるのです。その水を上手にヒラリとかわすのも営業マンのテクニックのひとつ。

犬に吠えられたことも何百回あるかわかりません。当時は番犬代わりに外で犬を飼っていた時代。門を開けて玄関まで行こうとすると、どこにいたのかいきなり猛烈な唸り声で「ワンワン！」吠えられて怖いのなんの。何度噛まれそうになったことか。頭に来て「うるせー！」と犬に怒鳴ったら、飼い主に「コノヤロー！」と怒られたりして。

当時の営業マンにとって、水かけられるのと犬に吠えられるのは〝営業マンの鉄則〟でした。

その日もいつものように船橋支店の周辺を一日歩いて回り、次から次へと新規のお宅やお店に飛びこんだものの、

「うちはいいから」

「もう来ないでいいよ」

「早く帰ってよ！」

「……（無視）」

契約が取れないどころか、話もまともに聞いてもらえず、門前払いで追い返されてばかり。一日歩き回った疲れと誰からも相手にしてもらえない虚しい気持ちを抱えて、さすがの私も心が折れそうになります。

「ああ、今日もまたダメだったかあ……」

いくら〝落ちこみ3秒〟が取り柄とはいえ、さすがに凹みます。

へとへとに疲れた体と心を引きずって、足取りも重く船橋支店に戻る帰り道。時刻は夕方の5時を少し回り、5月の日差しも傾き始めた頃でした。支店に向かう途中の商店街を歩いていると、どこからともなく流行りの歌が流れてきます。

♪春なのに〜涙がこぼれます♪

人気アイドルの歌なのでしょう。商店街のスピーカーから流れてくるちょっと憂いのある歌声は、疲れきった今の私には余計に物悲しく響きます。

来る日も来る日も飛びこみ三昧。グッタリして家に帰るとただ寝るだけの生活。子供の頃、歌番組が好きで郷ひろみを振り付きで歌ってみんなを楽しませていたのをふと思い出します。商店街のスピーカーのちょっと錆びれた音は、今の私の侘しい気持ちを表しているようです。

♪春なのに〜春なのに〜ため息またひとつ♪

歌に合わせるように、気づくと私もため息をついていました。

「はぁ〜、なかなか上手くいかないもんだなあ……」

その帰りしなに、あるお店の前を通って中を覗いてみると、誰もお客さんがいない店内にご主人と奥さんがいるのが見えました。

いつものように顔だけ出して「こんにちは」と挨拶だけして帰ろうとすると、店の中にいたご主人が声をかけてくれました。

「あんた、よく来るねえ」

実は一度飛びこんで断られたところにも、事あるごとにちょくちょく顔を出すようにしていたのです。

とにかく営業は顔を覚えてもらうことが基本です。そのためには何度でも顔を出すこと。最低でも5回ぐらい顔を出すことで「ああ、あんたね」と顔を覚えてもらえるようになります。最初は「うるさい」と追い出されていたのが「また来たの？」になり「何で昨日来なかったの」になり、やがて「熱心だね」になります。

この「熱心だね」に変わったときがチャンス。この瞬間に〝見込み客〟になります。そのためには断られても諦めずにまた顔を出すこと。

一度断られると「もうダメだ」と諦めてしまう営業マンもいますが、諦めたらその時点で試合終了です。その点、粘り強さが身上の私は、何度断られようと「こんにちは」と顔を出していました。

私自身もそうですが、人間である以上、誰しも機嫌がいいときと悪いときがあります。ヘタな鉄砲も数撃ちゃ当たるじゃないですが、何度か顔を出しているうちに、たまたま機嫌がいいときに当たると、話を聞いてくれたりするものです。「うちは株持ってないけど、あそこは持ってるらしいよ」と貴重な情報を教えてくれたり、「株のこと教えてやろうか」なんて得意げに話し始める人もいます。そういうときには知ったかぶりせず自分が知らないことを晒して相手から教えてもらうようにしました。

「ありがとうございます。もしよろしければ教えてください」

教えてもらうスタンスが大事です。

実は人は皆、教えたがりなのです。たいていの人は機嫌がいいと、自分の好きなこと、得意なことを相手に教えたくなるものなのです。

「どんな銘柄をお持ちですか？」

新人の私は相手の話を素直に聞くだけ。そこで契約には結びつかなくても、顔を出しているうちに徐々に徐々に距離感が縮まって、お客様との関係性が変わっていきます。

「ところであんたの会社、何勧めてるのよ？」

こんな風に聞いてきたらしめたもの。

「船橋支店では推奨銘柄として、こちらの銘柄をご案内差し上げています」

「ほお、じゃあちょっとだけ買ってみるか」

そうやって顧客になっていただいた方もいました。

船橋周辺は個人営業の商店が多いところです。商店街に面したお店は、お客さんがいつ来てもいいように、いつも店の前を開けているので、私のような営業マンも通りがかりにお店をちらっと覗いて「こんにちは」と声をかけやすいのです。通りがかりにちょくちょく顔を出しては「どうも、こんにちは」なんて挨拶だけしていました。

そうしたお店の一つが「ミヤモトミシン」さん。ミシン本体やミシンに関する部品を扱っている、地元に根付いた昔ながらの個人営業の商店です。

「あんた、よく来るねえ。熱心だから話だけでも聞いてあげるよ」

私に声をかけてくれたご主人は機嫌良さそうな声でそう言ってくれました。

店の中に手招きされた私はひたすら真面目に一生懸命、株式の商品について説明しました。新人でまだ知識も乏しく、トーク術も稚拙な私にできるのは懇切丁寧にご説明することしかありません。

「この商品の特徴ですが……ええっと……少しお待ちください」

ときどき口ごもりながらも必死に説明を続けます。ご主人とその横に座っている奥さんは、そんな私の不器用な説明に最後まで真剣に耳を傾けてくれました。

「真面目だねえ、あんた。真面目だから、つき合いで少しだけやってあげるよ」

それが私の初めてのお客様。

〝月々1万円の積み立て国債〟でした。毎月1万円ずつコツコツと積み立てていく定期預金のような商品です。

たとえ月1万円だろうと、私にとってはそれが100万円、1000万円にも感じられたほど。金額では言い表せないほどの価値がありました。

「ありがとうございます!!」

ミヤモトミシンさんも最初は門前払いで追い返されました。それでも諦めずに顔だけ出そうと、前を通るたびに店の中を覗いて挨拶していました。その熱意が通じたのか、それとも誰にも相手にされない新人の営業マンに同情してくれたのか、ついに私は證券営業マンとして初めて契約をいただくことができたのです。

「やった！　初めて契約を取った‼」

まるで夢を見ているようです。天にも昇る気分というのはこのことを言うのでしょう。いまだかつて生きてきた中で、これほどの喜びを感じたことはありませんでした。

「これが契約を取ったときの喜びか！」

契約をいただいたという達成感は格別な喜びです。初めていただいた契約書を大事に胸に抱え、気がつくと私はスキップしていました。

「１日１００軒飛びこんだ先にどんな景色が見えるのか。さあ、その景色を見てきなさい!!!」

研修のときに聞いた藤木部長の力強い言葉が蘇ります。

その言葉を信じて、バカ正直にも毎日毎日ちゃんと１００軒数えながら飛びこみ営業してきたのです。

１日１００軒飛びこんだ先に見えた景色――それは今まで見たことがないほど光り輝いていました。このとき私の目には、本当に光が見えたのです。

大学時代まで特にこれといった目標もなく、のんべんだらりとただ生きてきた私が、初めて〝やりがい〟を感じた瞬間でした。

初めて契約をいただいたこの日から、それまで1日100軒のノルマをただひたすらこなすだけで精一杯だった私に変化が起きました。

「営業って、本当に素敵な仕事だ!!」

飛びこみ営業の魅力にすっかり憑りつかれていました。

この日をきっかけに私は、飛びこみ営業が病みつきになったのです。

〝こんちはサヨナラ〟戦略

初めての契約をいただいてからも私は休むことなく1日100軒の飛びこみ営業を続けました。断られようと諦めずに、最低でも1週間に一度はご挨拶に顔を出すようにしました。

すると一度契約をいただいたことで自信がついたのか、それからは順調に契約を取れるようになり、次第にお客様の数が増えていきました。

もっとも〝順調に〟といっても100軒飛びこんで断られるのが90軒以上、話を聞いてくれるのは10軒もありません。契約となると、そのうちの1軒いただければいいほう。

飛びこみ100軒とは別に、私のお客様になっていただいた先には毎日必ず顔を出すようにしました。夕方に支店に届く證券新聞を持っていくのです。頻繁に顔を出すことで、お客様との信頼関係が深まり、そのうち「今日の株どうだった?」と相場について聞いてくれるようになります。

「じゃあ何がいいんだ?」

「この銘柄なんていいんじゃないですか」

そうした具体的な銘柄の話も徐々にできるようになっていきます。そうなるまでに、配属されてから1年ほどかかりました。

そうして場数をこなしていくうちに、いろいろなことがわかってきました。

「こんにちは」と声をかけて飛びこんで、「こちらの地区を担当しております小柳證券の安藤と申します」と挨拶したときの相手の第一声の出し方で「この人は無理だな」と、なんとなくわかるようになってきたのです。それは相手の声のトーンだったり、対応の仕方だったり、なんとなく感覚で「いけるかどうか」判断できるようになりました。

「あ、無理だな」

そう感じたときには、すぐにそこを後にして次に行きます。無理なところに時間をかけても仕方ない。無駄な努力はしない。地図にマーカーで「×」をつけておしまい。

「こんにちは」してすぐに「サヨナラ」。「こんにちは、サヨナラ」の〝こんちはサヨナラ

戦略〟です。

営業マンの中にはそこで粘る人もいますが、私から言わせればそれは逆。すぐに引き上げたほうがいい。食い下がるだけ時間の無駄。でもそれができない営業マンが多いのです。

相手にしてくれないのと反対に、やたらと話したがる人もいます。言い方は失礼かもしれませんが、できない営業マンほど相手が話してくれると嬉しくて、ついつい粘って話を合わせてしまいます。「話してくれるということは契約が取れるんじゃないか」と勘違いして相手の話に食いついてしまうのです。

私の経験上、そういう人はほぼダメです。向こうにすれば、話を聞いてくれる相手がいなくて寂しいところに話し相手が飛びこんできた。飛んで火にいる夏の虫で「待ってました」と嬉しいだけ。こちらの話を聞く気などさらさらありません。

申し訳ないですがそういう相手に当たったときには即見極めて、すぐに〝こんちは、サヨナラ〟します。これも学生時代のナンパ活動で身につけたテクニックかもしれません。時間は限られているのです。自分の時間を無駄に取られてしまうのはもったいない。すぐに〝サヨナラ〟して「次に行こう」です。

経験上〝こんちはサヨナラ〟戦略の人がほぼ9割。10軒飛びこんだら9軒、100軒飛びこんだら90軒がすぐにサヨナラです。赤や黄色のマーカーがつく「有望客」や「見込み客」になるのは、残りの1割しかいません。

〝フォーユー・フォーミー〟作戦

午前中50軒、午後50軒、毎日欠かさず飛びこんでいた私ですが、お昼どきのランチタイムも無駄にはしませんでした。営業地区にある飲食店に顔を出して、そこでお昼を食べるのです。

それが私の〝フォーユー・フォーミー〟戦略。

向こうは商売ですから「食べてもらってありがとう」、こちらは「契約していただいてありがとう」。お互いにメリットがある〝フォーユー・フォーミー〟です。

飛びこみ営業では断られる店でも、お昼を食べに来たら追い出すわけにはいきません。営業だとすぐに帰らなければいけないところ、お客さんで入れば30分ぐらい話ができます。お店の人と人間関係を作るには一番いい方法です。

船橋支店当時、昼どきによく顔を出していたのが商店街にある蕎麦屋さんとパン屋さん。どちらも地元に根付いた地域密着型のお店。最初は営業で飛びこんだお店でしたが、お客さんとしてちょくちょく顔を出しているうちにすっかり顔見知りになっていきました。

そのうち向こうから「よく来ていただきますねえ」なんて話しかけてくれるようになればしめたもの。それとなくお金の話をして、さりげなく株に興味を持ってもらうように

持っていきます。蕎麦屋さんもパン屋さんも、この作戦でお客様になっていただきました。そのうえお客さんで来ている地元の方とも顔馴染みになれて地元との繋がりもできる。まさに一石二鳥の作戦です。

今でも私はたまたま入った店が繁盛店だったときには探りを入れます。「ここは儲かってそうだな」と思えば、ちょくちょく顔を出して仲良くなるのです。仲良くなれば話の流れでお金の話もしやすくなります。その時点で地図に黄色のマーカーをつける「見込み客」になります。

体当たりの飛びこみ営業が基本の私ですが、〝フォーユー・フォーミー〟作戦でも何軒もの飲食店さんから契約をいただきました。

変わったところでは、ラブホテルに営業したこともあります。

本町通り商店街の端のほうにひっそりと立っていたラブホテルで、当時は船橋駅からも見えました。郊外のラブホテルのようにギンギンギラギラの電飾などはありませんが、それなりに需要があるのか、もう何年もそこで営業しているラブホテル。聞くところによると社長はラブホテル以外にも商業用のビルも運営していて、地元では有力な名士とのこと。

「ここも間違いなく株をやってるだろう」と狙いをつけて飛びこみました。

正面入口を避け、ビルの横を抜けて裏口に回ると事務所がありました。

「こんにちは」

「どなた？」

「小柳證券の安藤と申します。本日はご挨拶に伺いました」

当然のように最初はまったく相手にされません。社長の顔すら拝めずに事務員の方に追い出されるようにして帰りました。

「あれは絶対に持ってるな」

場数を踏むようになると知らないうちに嗅覚が研ぎ澄まされてくるのか、会社の雰囲気だけでなんとなく株の匂いを感じるようになります。それから折を見て何回か通いました。

「何しに来たんだ？」

「小柳證券の安藤と申します。社長様にぜひご挨拶をさせていただこうと思いまして」

「ふ～ん、そうか、帰れ」

5回を超えた頃、やっと社長が現れました。顔は合わせたものの、あっさり帰されて終わり。しかしこの程度で諦めるわけにはいきません。それからも足繁く通い、10回を超えたあたりで、やっと社長から「まあ上がれや」と中に入っていいとのお許しが出ました。

事務所のソファに社長と向い合って座り、初めてちゃんと挨拶を交わしました。

「どこに住んでんだよ？」

「西葛西です」

「そうか、帰れ」

たったこれだけ。

「お忙しいところおつき合いいただきましてありがとうございます」

ここで粘っても逆効果です。すぐに引き上げたものの、一度顔を合わせて言葉を交わせばこっちのもの。この時点で私の中ではかなりの見込み客になります。

「また来たか」

「また来ました」

「まあ上がれや」

そしてあるとき、たまたま社長の機嫌が良かったのか、それとも「そろそろこいつにも出してやるか」と思ったのか、

「おう、これ預けてやるよ」

金庫から株券を出してきて、テーブルにポンと置いてくれたのです。

当時はまだ裏側に株主の名前が書いてある株券があった時代です。證券会社は株券をお客様からお預かりして口座を作っていただく目的もあって営業をかけるのです。

社長からは世間話のついでに、野村證券に口座があることは聞いていましたが、目の前に置かれた株券も最初から結構な大口でした。

「いいから持ってけよ」

「しっかり預からせていただきます」

「ちゃんと頼むよ」
「わかりました!!」
「また来いよ」

何度も何度も通ったかいがありました。ついに顧客になっていただけたのです。

保険もそうですが、保険に入っていない人にいくら熱心に勧めたとしても、なかなか保険に入ってもらえません。保険に入るのは、すでに保険に入っている人。

證券も同じ。株をやったことがない人に「株どうですか?」と勧めても「はあ?」となって話になりません。しかも当時は今ほど株が一般的ではなかった時代。株をやっている人は一握りしかいません。株に興味がある、その一握りの人をいかに自分のお客様にするか、早い話がこっちに持ってくるかが営業マンの腕なのです。

初めての大口契約

いざ営業回りするときに地図に載っている家が大きいとドキドキしてきます。

「こんなに大きな家ならお金があるんじゃないか？　大口契約してくれるんじゃないか?」

そう考えるとワクワクしてきます。そんな期待に胸躍らせて行ってみたら、「金なんかないよ！　帰った帰った！」なんて追い返されたりすることもしばしば。

新人の頃に課長から教えてもらったことがあります。

「あんちゃん、人は見た目で判断しないこと。お金持ってそうなでかい家がお金持ってなくて、お金持ってなさそうなボロ屋が実は金持ちだってことがよくあるから」

〝人は見た目で判断するんじゃない〟というのは本当にその通りで、意外に小さい家や小さいお店のほうが実はお金を持っていたりすることがあるのです。

肝心なのは、こちらで線引きしないこと。自分の先入観で判断しないこと。「ここはお金がありそうだから飛びこんでみよう」とか「ここはお金がなさそうだからやめておこう」とか、飛びこむ先を選ばずに、とにかく片っ端から手当たり次第に飛びこんでみるのです。

実際に私も経験しました。船橋にある飲み屋横丁の小料理屋さん。60歳ぐらいの女将さんが一人で切り盛りするこのお店も、飛びこみ営業で新規開拓したお客様。

最初は相手にもされませんでしたが諦めずに足繁く通いました。店の近くを通りかかると「こんにちは」と顔を出して挨拶する。さながら御用聞きのように。

そんな私の熱意が伝わったのでしょう。ミヤモトミシンさんと同じように「つき合いでやってあげるわよ」と、月々1万円の積み立てをしていただきました。

そしてあれは女将さんが私のお客様になってからしばらくしてからのこと。船橋支店に来て2年半ほど経った頃です。

突然女将さんから私宛てに電話がかかってきました。

当時はまだ携帯電話はもちろん、ポケベルも一般に普及する前。営業マンが外から連絡するときには公衆電話、お客様が営業マンに連絡するのは店舗へかけて取り次いでもらう。携帯電話やインターネットが普及した今と比べて隔世の感があります。

「ちょっと話があるんだけどさ」

電話に出ると、女将さんが声を潜めたように言いました。今まで女将さんから電話がかかってきたことなどありません。何かのクレームかとビクッとします。

「どうされましたか？」

すると女将さんは、

「もう少し預けようと思うんだけど、何かいいのある？」

クレームどころか、新規に契約してくださるというのです。電話を切ると喜び勇んですぐに飛んでいきました。

「〝もう少し〟というと、どの程度をお考えでしょうか？」

そこで女将さんから返ってきたのは、とんでもない金額でした。

「1億預けたいんだけど」

思わず耳を疑いました。

「……え、今何ておっしゃいました？」

「1億預けたいんだけど」

空耳ではありません。女将さんは確かに〝1億〟と言ったのです。

「い、1億……ですか？」

「そう、1億円」

あまりに金額が大きくて、にわかには想像がつきません。私の予想の遥か上を行く金額です。

「何でですか？　ええ～！」

お客様に向かって〝何でですか〟もないのですが、思わず口を突いて出てしまいました。

「タンス預金で貯めてたのよ」

まさか1億円とは夢にも思いません。

1万円から1億円です。「1桁多くなる」ことはよくありますが、一気に4桁です。普通は1万円、10万円、100万円、1000万円……と桁を増やしていくのに、途中がなくて一気に1億円。営業マン多しといえども、4桁アップの経験はなかなかいないでしょう。

「あんちゃん、人は見かけで判断しないこと」

課長の言葉が脳裏をよぎります。

まさにその言葉通り。さすが支店一できる営業マンは違います。支店の中で一番の美人スタッフを奥さんに射止めただけのことあります。

「どうしていきなり1億円も……ですか？」

すると女将さんは私の顔を見ながら、

「あなただからよ」

女将さんは私を信じて1億円を預けると言ってくださったのです。

「も、申し訳ありません！」

何で申し訳ないのか自分でもわかりませんが、あまりに凄い金額に「ありがとうございます」と出てこなかったのです。嬉しいけど信じられない。まるでキツネにつまれたような気分です。

「毎日熱心に顔出してくれたお礼よ」

女将さんはそう言ってにっこり微笑みました。

営業マンの中には「たかが1万円」と軽んじる人もいるでしょう。たかが1万円、されど1万円です。1万円が積み重なって10万円、１００万円となるのです。たった1万円かもしれないけれど、感謝の気持ちで毎日通ったことで〝1億円のお礼〟をいただけたのです。

「ありがとうございました!!」

天にも昇るとはこのことです。天どころか宇宙まで昇りました。スキップどころじゃない、小躍りしながら支店まで帰りました。

「ただ今戻りました！」

その声が弾んでいるのが自分でもわかります。

「どうだった？」

支店に帰ると、まず支店長に報告です。

「1億円のお預かりをいただきました」

「ウソだろ⁉」

さすがの支店長も1万円からいきなりの1億円に驚いています。支店長のただならぬ様子に気づいて支店中がざわついています。正直そのとき何を言って、どんなやり取りがあったのか、あまりに興奮していたので覚えていません。ただ支店にいた全員が驚いていたのは間違いありません。

1億円の契約は1つの支店では相当大きい契約です。預かり資産を転がして増えたわけではなく、新規で1億です。新規でお預かりするのが金融機関にとっては一番ありがたいのです。

この契約が評価されて社内新聞にも「船橋支店 安藤博章」の名前が載りました。それほど大きな契約なのです。私の名前を見て驚いた同期から電話がかかってきたほど。

「何やったんだ？ 安藤お前、何か悪いことでもしたのか？」

社内新聞に名前が出るのはよっぽどのこと。しかもまだ入社して2年半。「横領でもしたんじゃないか」と心配した同期が連絡してきたほど衝撃的な出来事でした。

翌日、小料理屋の女将さんを改めて訪ねました。当時はまだ振り込みではありません。1億円の現金を預かって持ち帰るのです。

そして閉店後に支店の全員で数えます。万が一があると大変だからと、入口のシャッターをしっかり閉めた後、支店の奥にあるカウンターに札束を広げてみんなで数えます。間違いがないように、ちゃんとしっかりと。

生まれて初めて見た1億円の山。カウンターに置かれた現金1億円は迫力があります。普段お金の扱いに慣れている證券マンとはいえ、さすがに1億円の現金を目の前にすると緊張して指が少し震えてきます。

「すっげーな！」

誰からともなく、そんな声が上がりました。みんな1億円の現金を目の当たりにして興奮している様子が伝わってきます。

「あんちゃん、すげーよ！」

それが私が初めていただいた大口契約。

そしてこれが呼び水になったのか、そのあと立て続けに大口契約が入るようになったのです。

肝に銘じた大失敗

船橋支店の裏にはお寺が10軒ぐらいありました。もちろんお寺にも片っ端から飛びこみました。個人宅や会社と違って、お寺は普段門が開いていますから門の中までは入れます。ただし門の中まで入っても、たいていは奥さんが出てきて「いないです」と居留守を使われて追い出されるのがオチ。まさに門前払いです。ちょうど水を撒いているときに行ったりすると、水をひっかけられそうになることもあります。

人間心理とは不思議なもので、ある程度お金に余裕があると人に対して優しいものです。逆に余裕がないとカリカリします。その点、たいていのお寺さんはお金を持っているので穏やかです。はじめのうちこそ門前払いですが、何度か通っているうちに無下には扱われないようになります。

支店の裏にあったお寺の一つに、40ぐらいでまだ若く、恰幅のいいお坊さんが住職をしているお寺がありました。最初は飛びこみで行って相手にしてもらえなかったこのお寺も、事あるごとに顔を出しているうちに「熱心だね」となり、やがて「上がっていきなさい」とお寺に上げてもらえるようになりました。

「きっとお寺ならお金を持ってるはず。株にも興味あるはずだ」

なんでもかんでも粘って顔を出しているわけではありません。「この家はお金がありそうか」「株に興味がありそうか」きちんと狙いをつけているのです。ハナからダメだとわかっているところに顔を出しても無駄足です。〝無駄な鉄砲も数撃ちゃ当たる〟でも、できれば無駄な鉄砲を撃つのは少ないほうがいい。

このときも私の狙いは当たりました。お寺に上げてもらえるようになってすぐに大口の契約をいただきました。それも結構な金額を。

住職さんから契約をいただいて少し経った頃、奥さんから電話がかかってきました。

「うちの主人の契約について教えていただけますか？」

お寺に来た郵便物の中に、住職さん宛てに届いた契約内容照会があるのを目にした奥さんは「これは何？」と気になったようです。

「どういった契約内容でしょうか？」

営業でお伺いした際に住職さんの横で商品説明を聞いていただいたこともあります。当然契約内容についても奥さんは知っているものだとばかり思っていました。

「夫婦なんだし、お伝えしてもいいだろう」

そんな軽い気持ちで、お預かりした金額を含めて契約内容をご説明したのです。

ところが、これが大失敗でした。

「何で言うんだ！」

奥さんに契約内容を教えたことを知った住職さんからもの凄い勢いで怒りの電話がかかってきました。

「どういうつもりだ！　ふざけるな！」

電話口から住職さんの太い腕が飛び出してきて殴られるんじゃないかと思うほどの怒鳴り声。

「スイマセンスイマセン！」

あまりの剣幕に謝ることしかできません。

「何かありましたでしょうか？」

やっと少し落ち着いたところで話を聞いてみると、どうやらそのお金は住職さんのヘソクリらしく、奥さんには内緒にしていたお金だったようです。

「ナニこのお金は！　私に黙ってたのね！」

お金のことを私から聞いた奥さんは鬼のような形相で住職さんをとっちめたのだとか。

収まりがつかないのが住職さんです。

「預けた金返してもらうぞ！」

「ええ〜！　それだけはご勘弁してください！」

そんなことされたら大変です。支店長はじめ全員に顔向けできません。顔向けできないどころか、へたすればクビです。すぐにお寺まで飛んでいって平身低頭平謝り。

「申し訳ありませんでした！」

「夫婦でも金は別だ！」

当時はまだ個人情報に関する規制も緩い時代。まさかヘソクリだとは知らずに「奥さんだから言ってもいいかな」と深く考えずにしゃべったことが失敗でした。

「言っていいことと悪いことがある！」

普段は温厚で仏様のような住職さんがきっと目を吊り上げて、まるで阿修羅のように見えます。

「本当に申し訳ありませんでした！」

お寺の床に額を擦りつけるほど土下座して何度も何度も謝りました。

「二度としないように今後気をつけてくださいよ」

さんざん怒って気が晴れたのか、次第に住職さんの顔も落ち着きを取り戻し、最後にはやっとお許しをいただきました。

今思えば、お寺は非課税法人ですから税金で取られない分を株に回したのでしょう。そのお金を奥さんには知られたくなかったのだと思います。

それにしてもヘソクリで大口とは……。

あのときの失敗は忘れません。人生であれほど冷や汗をかいたことはありません。あのときばかりは〝落ちこみ3秒〟の私も、3秒では立ち直れませんでした。

「契約をいただく」という信念

商店街から少し離れた場所にあるサンエー電気さんも飛びこみで獲得したお客様です。

電気関係の工具などを扱っているサンエー電気さんは、姉妹で仕切っている地域密着店。店に入ると手前に妹さん、奥のほうにお姉さんが陣取るようにして座っています。

「こんにちは。小柳證券の安藤と申します。ご挨拶に伺いました」

電気商店ですから店の入口から入るのは簡単です。ところが入ってからが地獄でした。

「こいつ何者だ？」という目でこちらを一瞥すると、姉妹ともにひと言も発しません。

「……」

完全に無視。特に奥にいるお姉さんはメガネの奥から鋭い視線で〝ギロッ〟と睨みつけてきます。

年の頃なら50ぐらいでしょうか、若い頃は綺麗だったと思わせる整った顔立ちと品のある顔。美人な分、キッと睨まれると余計にきつい顔に見えるのです。

「あの～、株式にはご興味おありでしょうか？」

物怖じしない私もさすがにちょっと怖気づいて恐る恐る話しかけてみると、またもやギロッと睨んで完全無視。ひと言も話してくれません。

これならまだ「結構です」とか「帰れ」とか「もう来るな」とか断られたほうがマシです。無言で睨みつけて完全無視されるのは、相手の自己肯定感を落とす対応ナンバーワン。徹底的に自己否定させる対応です。営業マンにとってこれほど辛い扱いはありません。

「また改めてお伺いさせていただきます」

営業マン泣かせのこのお店にも諦めずに通い続けました。通い続けたものの、ずっと無視。最初に顔を出してから半年以上無視され続けました。

それでも諦めずに顔を出したのは、実は別のところで「あそこは株やってるよ」と情報を聞きつけていたから。それを知ったからには、粘りが信条の私は諦めるわけにはいきません。「こんにちは」と入っていってもギロッと睨まれて無視されるだけですが、支店に届く株式新聞をお土産に持っていっては顔だけ出して帰りました。

新規の飛びこみとは別に〝見込み客〟だと思うところには、夕方から新聞を20部ほど持って、もう一回りしてくるのです。サンエー電気も私の中では〝見込み客〟。簡単に諦めるわけにはいきません。これと見込んだ相手には一度食いついたら放さないスッポン並みの粘りで顔を出すのが私のやり方です。

サンエー電気に無視され続けて半年以上、いつものように夕方に新聞を持って訪ねると、ついに初めてお姉さんが口を開きました。

「わかりました。あなたのところに預けますよ」

根負けしたようにそう言ってくれました。粘り勝ちです。

普通の営業マンなら途中で諦めるでしょう。なにしろギロッと睨まれて無視されるのです。営業マン泣かせの自己否定させる対応ナンバーワン。それでも私は諦めませんでした。

そこにあるのは「契約をいただく」という信念です。営業マンとしての揺るぎない信念。

だから私は諦めません。

初めて味わった〝命の危険〟

営業マンをやっていると、怖い目に遭うこともあります。

あれは支店に配属されて2年半と少し経った頃だったと思います。

大口のお客様も次第に増えて、新規顧客獲得では私が常にトップの成績でした。支店内でも私を見る目が変わってきて、営業マンとしての自信もついてきた頃。あるお客様からもの凄い剣幕で電話がかかってきたのです。

「てめえ、早く来い！　来い、コノヤロー！」

電話の主は大口客。骨董屋さんを営んでいるご主人です。

「すぐに来い、コノヤロー！」

電話口から怒鳴る声にビックリして、すぐに店まで飛んでいくと、待ち構えていたご主人の顔は怒りに満ち溢れていました。

「お前、騙したな」

「へっ、騙したって何をでしょう？」

「とぼけんなよ！」

「スイマセン、スイマセン」

60代でガタイのいいご主人は坊主頭にハチマキを締めて、商売柄か、こげ茶色の和服を着ていて、その姿は一見そのスジの方のようにも見えます。売り物の骨董品なのか、ご主人のコレクションなのか、店の後ろの壁にかけてある日本刀が嫌でも目に入ってきます。

「お前、騙しただろ？」

わけもわからないまま床に座って頭を下げている私を前に、ぬっと仁王立ちしたご主人は怒りに震える声で言いました。

「お前のとこでこの前買った株、買ってすぐに下がってるじゃねーか！」

確かに、つい先日ご主人に買っていただいた支店推奨銘柄は買ってすぐに値下がりしています。大口ですから値下がりすれば、マイナスの額も大きくなります。おそらく数100万単位で含み損になっているでしょう。

「どうしてくれんだよ？　責任取ってくれるんだろうな」

「責任……ですか？」

責任取れと言われても、株価は支店でどうこうできるものではありません。しょせん売ったり買ったりするわけですから、上がるときもあれば下がるときだってあります。それに現物で買っているのですから売らない限り損は確定しないのです。焦って売らずに持っていれば、そのうち上がってプラスになることだって十分に考えられます。

少なくとも売上目当てに、ダメな株を押しつけているわけではないのです。それどころか私は一度たりとも自分都合でお客様に株を買ったり売ったりしてもらったことはありません。

「何よりも大切なのは〝お客様のために〟という気持ち。自分の成績のためじゃない。そこを決して忘れちゃいけない。〝お客様のために〟を忘れたら営業マン失格だ」

新人の頃、課長に言われた言葉を忘れずに守っていました。

営業マンの中には手数料欲しさに売り買いを勧める人もいますが、私が何よりも大切にしていたのは〝お客様の立場になって〟〝お客様のために〟株をお勧めすること。もちろん売上は欲しいですが、だからといってそのためにお客様をないがしろにしてまで株を売りつけていいわけがありません。

「もう少し待ってください」

「もう少し待てだと」

「必ず上がりますから」

「必ず？　必ず上がるんだろうな？」

「いえ〝必ず〞とは言えませんが……そのうち……きっと」

「ナニふざけたことぬかしてんだよ！」

「スイマセンスイマセン！」

「ふざけんなよ、コノヤロー！」

しかしそんな私の思いなどご主人には関係ありません。だんだんご主人の顔色が変わってきて、怒りのトーンが上がってきたのがわかります。仁王像のような凄い形相で、坊主頭のこめかみあたりがプルプルと怒りに震えています。

「スイマセン、頑張りますから！」

「頑張るじゃねーよ！」

「大丈夫ですから！　私を信じてください」

「信じろだと？　信じてどうなるんだよ」

「どうなるかと言われましても……」

「お前が勧めたんだろうが」

「それは確かにそうですけど……」

「じゃあお前が責任取って金払えよ」

「いや……それはちょっと……」

どこの世界に顧客が買った株の損失を肩代わりしてくれる證券マンがいるでしょう。そもそもそんな大金持ってないし。

「そのうちきっと上がりますから！」

「そのうちじゃねーよ！　きっとじゃねーよ！」

「いやちょっと待ってください」

「ふざけてんのかテメー！」

「ふ、ふざけてなんかいません」

「テメー騙したな！　生きて帰れると思うなよ！」

吐き捨てるように言うと、ご主人はパッと後ろを振り返り、壁にかけてあった日本刀を手に取ってこちらを睨みつけました。

「テメー、許さねーぞ！」

キッと見開いた目は血走って吊り上がり、鬼のような形相です。

「ちょ……ちょっと待ってください！」

今にも飛びかかってきそうな気配に逃げようとするのですが、体が固まって動けません。まるで蛇に睨まれた蛙。逃げたくても逃げられないのです。

「覚悟しろよ！」

怒りで正気を失ったご主人は太い腕でしっかりと日本刀を中段に構えると、今にも斬りかからんばかりににじり寄ってきます。素人の私でもわかるほどメラメラと殺気立っています。

「や、やめてください！」

「うるせー！　覚悟!!」

間一髪斬りかかってくるよりも早く後ろに飛びのき、慌てて逃げ出しました。そのまま後ろも振り返らず無我夢中で店から飛び出し、全力疾走で商店街を駆け抜け、一目散に支店に駆けこみました。

そのただならぬ様子に支店長が飛んできました。

「どうした？　何があった!?」

「あわわわわ……」

恐怖のあまり言葉になりません。

その後私からの報告を受けて、私は骨董屋さんの担当を外されました。

別の担当に変わったからといっても安心できません。それからしばらくはあの店の近くは怖くて歩けませんでした。

あれから40年近く経った今でも、あのときのことを思い出すと怖くてちびりそうです。

……いえ、正直に白状すれば、あのとき少しだけちびってました。

そこに家があるから飛びこむ

そうした数々のトラブルにもめげずに毎日地道に100軒回っていたことが好循環となったのでしょう。ありがたいことに、順調に契約が入るようになりました。

2年目からは同期では抜きん出てトップの成績。支店でも売上トップ。気がつくと支店全体の売上の半分近くを私の売上が占めるようになっていました。よくドラマで見るような壁に張り出された売上グラフも、常に私の棒だけ遥か上のほうまで伸びていました。

こうして迎えた3年目、ついに私は小柳證券全国営業マンの中でトップになったのです。

「とうとうトップ！　頂点に立った!!」

私が人生で初めて獲った一番。

勉強もスポーツもできなかったけれど、初めて一番になれたのが営業でした。

その原動力となった一番の要因は「人に認められたい」という子供のときからの願望です。契約をいただくということはお客様に認めていただくこと。お客様から信頼していただけるということ。「自分のことを認めてもらいたい」という強い思いが私の営業マンとしての原動力になっているのです。

私には営業トークの必勝法もありません。決して話し上手でもなく、滑舌が悪くてどちらかといえば口下手です。そんな私がトップセールスを上げられた特別な秘訣はありません。とにかくお客様のもとに頻繁に顔を出すこと。誰よりもお客様に寄り添うこと。そのために私は誰よりも動きました。

人に会いに行くのは面倒なものです。雨だと濡れて嫌だし、夏は暑いし、真冬だと寒いし。電話で済むならわざわざ行く必要がないというのが普通の考え方。でも私は電話で済む要件でも実際に会いに行きました。お客様に「郵送でいい」と言われても、私は直接会って手渡しします。今ならＺｏｏｍで済むことでも実際に顔を合わせます。〝フェイス・トゥ・フェイス〟が基本。それが私の営業マンとしてのあるべき姿勢です。

今は営業ツールもいろいろありますが、当時はインターネットもなかったし、携帯もなかった時代。電話セールスかポスティングか飛びこみか、その中で私が選んだのが飛びこみ営業。私にはお客様と実際に顔を合わせる飛びこみ営業しかありませんでした。それを実直に続けただけ。

誰よりも動き回りました。誰よりも走り回りました。３年間船橋支店にいる間、歩き過ぎて靴の底に穴が空きました。

「そこに家があるから飛びこむ」

登山家は「そこに山があるから登る」と同じように、私は「そこに家があるから飛びこむ」のです。

飛びこみ営業は100軒のうち99軒は辛い思いをします。私だって「飛びこむのをやめようかな」と思ったことは何万軒あったかわかりません。そこで辛抱して我慢して飛びこむと、90軒ぐらいから欲が消えて、95軒ぐらいでお客様が受け入れてくれて、やがて契約に繋がっていく。

だから絶対に1軒も飛ばさない。

ついつい飛ばしたくなるものです。「この家は嫌だな」と選り好みしがちです。それをやってしまうと、何かと理由をつけて飛びこまないようになってしまいます。私自身もそうでした。そこをグッと我慢して飛びこむ。選り好みしないで飛びこむ。

100軒のうち99軒辛い思いをしても、1軒で契約をいただいたときの喜び、感動。それが忘れられない。それがあるからやめられない。

「99ではなく1を見る」

99回の失敗より1回の成功です。

その喜びと感動があるから営業マンはやめられない。

研修部長の言葉を信じて、3年間ひたすら実直に飛びこみ続けた私は、ついに小柳證券全国営業マンのトップに立ったのです。

トップ営業マンとなって頂上から見た景色は、今まで見たことがないほど格別に素晴らしい景色でした——。

第2章

天国と地獄の体当たりセールス

海外赴任で味わった初めての挫折

3年間船橋支店で成果を上げ、全国トップの成績を収めた私は、かねてからの希望が叶い「国際営業部」に栄転しました。子供の頃からの夢だった「海外で活躍する一流ビジネスマン」への道をついに歩み出したのです。

派遣先はイギリスのロンドン。金融街シティにある小柳證券のロンドン支店に、3年間の長期出張で赴任するのです。ロンドンのシティといえば世界の金融の中心。憧れの海外赴任への期待に胸が高まります。

「世界獲ったるぜ!!」

トップ営業マンになった勢いそのままに、勇躍イギリスへと旅立ちました。

今思えばこのときはまだ、自分のことがわかっていなかったのです――。

成田空港から飛行機で約12時間半、ロンドンに着くと嵐のような天気でした。

北海道より北に位置するロンドンの11月はただでさえ肌寒いのに、嵐のような強風と強い雨にさらされ、凍てつくような寒さです。

「とんでもないところに来ちゃったな」

初めて踏む海外の地。日本から遠く離れた地に、たった一人で送りこまれたのです。初めて来たロンドンは、私にはまるで地の果てのように感じました。

「今頃、彼女はどうしてるかなあ……」

このとき私には大学4年生のときからつき合っていた、結婚前提の彼女がいました。その彼女を日本に一人残してイギリスに乗りこんできたのです。「海外で活躍する」という自分の夢を叶えるために。

成田空港まで見送りに来てくれた彼女とドラマみたいな涙涙のお別れをしてきたのに、着いてみたらひどい嵐。しかも見知らぬ土地で、知り合いもなくたった一人。まわりは日本語の通じない外国人だらけ。あまりにも心細いうえにこの天気。私にはまるで地獄に来たようにも思えました。

「ああ、日本に帰りたい」

着いた早々、そんな弱音までこぼしていました。

「とにかくアパートまでたどり着かなきゃ」

会社が用意してくれているアパートまでなんとしてもたどり着かなければいけません。ロンドンに着いて早々のたれ死んでは会社に顔向けができません。アパートの住所と簡単にメモ書きされた案内地図を見ながらアパートまでの道を必死で探し、何度も迷いながら這いつくばるようにして、どうにかこうにか死に物狂いでたどり着きました。

「これでやっていけるのか」

〝後悔2秒〟が信条の私ですが、このときばかりは来たことを後悔しました。

翌日、支店に顔を出して挨拶をすると、こじんまりしたオフィスには日本人スタッフが4人いました。私にとっては国際営業部の同僚、唯一頼れる味方です。

「よろしくお願いします」の挨拶もそこそこに、初日からさっそく先輩社員と一緒に顧客回り。ロンドン支店での私の仕事は、すでにお客様になっている既存の顧客企業への情報提供などのフォローと新規顧客の開拓。船橋支店で日本一になった私の営業力を見込まれて、イギリスでも新規開拓を託されたのです。

赴任して1週間ほど経って落ち着いた頃、いよいよ新規営業スタート。

「よし、やってやる！　イギリスでも一番になってやるぞ」

気合一番飛びこみ開始。ゼンリンの地図はありませんが、船橋支店のときと同様にロンドン支店周辺の企業から片っ端に飛びこみます。とはいえ船橋の本町通り商店街とは違って、ここはロンドンのシティ。個人営業の商店や中小企業相手ではありません。いきなり訪ねていって社長に会えるわけもなく、まずは受付を通らなければ先に進めません。

「ハロー！」

海外でも物怖じしない私は、受付の女性スタッフに爽やかな声で挨拶。昔のナンパ活動で培った女性向けのにこやかな笑顔も忘れません。しかしそこからがいけませんでした。

「××××」

今思えば自分のことがわかっていませんでした。

なにしろ私、英語ができないのです。

子供の頃から「パイロットになりたい」とか「商社マンになりたい」とか、海外で活躍する夢を見ていたにもかかわらず、一切英語はしゃべれません。ちゃんと勉強すればいいものを高校大学と英語の勉強をさぼっていたため、かろうじてできるのは簡単な挨拶と、知ってる単語を並べてしゃべる程度。ビジネス会話はもちろん、日常会話すらおぼつきません。

「英語がしゃべれなくてもなんとかなるだろう」

そんな安易な考えでロンドンまで来たものの、なんとかなるわけありません。右も左もわからないうえに、話しかけられても何言ってるのかわからないのですから。「ＯＫ」ぐらいはわかっても、さて何をどうしていいものか……。

「ソーリー」

それだけ言うのが精一杯。言葉がわからず、あたふたと逃げ帰りました。

「まあ、なんとかなるさ」

そんな甘い考えは初日から吹き飛ばされました。

「ダメかなあ、これは……」

ダメに決まってます。海外で外国人相手に営業するのに英語ができないのです。致命的な欠陥です。無茶というか無謀。結果は火を見るより明らか。

それからも何度も果敢にチャレンジしましたが、すべて返り討ち。やってもやっても上手くいきません。私の営業の基本は〝フェイス・トゥ・フェイス〟。飛びこんでいって顔を合わせてからが勝負。ところが顔を合わせても何を言ってるかわからないのですから話になりません。営業しようにも会話にならないのです。

私の飛びこみ精神は海外ではまったく使いものになりませんでした。

結果は惨敗。新規獲得できず。何の成果も上げられず。

飛びこみ以外にも私にとって不利な状況だったのは、向こうではランチミーティングの際に、ビジネスの席でも平気でワインを飲みながら話すのです。

実は私、お酒が強くないのです。顔が真っ赤になって酔っぱらってきちゃいます。酔っぱらうと仕事する気にならなくなっちゃいます。だったら飲まなければいいのですが、そこが私のつき合いの良さ、相手が飲むとついついこちらもつき合いで飲んでしまうのです。

ランチで酔っ払っては支店に帰ってきて「ちょっと休みます」とオフィスの裏のソファで寝る毎日。ただでさえ得意の飛びこみが上手くいかずにストレスが溜まっているところにもってきて昼からワイン。「もう飲んで寝るしかない」と半ばヤケになっていたのかもしれません。ロンドン支店の同僚たちも、そんな私を呆れたような目で見ていました。

ひとつ上手くいかないと、すべて上手くいかなくなるのが世の常です。プライベートでも失敗をやらかしました。

ある日、営業が上手くいかずにむしゃくしゃして一人で入ったパブがイギリス版の〝ぼったくりバー〟。

会計で相当な金額を要求され、「持ってない」と言うと裏から用心棒みたいな屈強な男が出てきて「金はないのか?」と脅します。それでも「持ってない」と言うと、「ちょっとこっちへ来い」とばかりに店の奥に強引に連れていかれそうになりました。あやうく拉致されそうになるところ、スーツの上着のポケットに入れてあったトラベラーズチェックのことを思い出し、束ごと全部渡して命からがら逃げるように店を出ました。

まさに危機一髪。ロンドンまで来てとんでもない目に遭うところでした。

ゴルフの聖地セント・アンドリュースまで足を延ばしたこともあります。電車で3〜4時間かけて行って、1人でラウンドしましたが、ゴルフの下手な私は、そこでも寒さとラフの深さ、難コースに打ちのめされました。

「オレは何しにイギリスまで来たんだろう……」

ロンドンの冬はどんよりとした雲で覆われています。冬場の平均気温が5℃前後のロンドンは日によっては氷点下まで冷えこむ日もあります。

暗く寒いロンドンの街と同じように、私の気持ちも暗く冷えこんでいました。

出発の日に成田空港で、「頑張ってきてね、私待ってるから」と見送ってくれた彼女の優しい笑顔がふと浮かんできます。

「何やってるんだ、オレは」

日本から遠く離れたイギリスの地で、私はとことん打ちのめされていました。

そうした日々が3カ月ほど続いた頃、本社の国際営業部からロンドン支店に連絡が来ました。

「安藤、帰ってこい！」

3年のはずが3カ月。会社も期待して送りこんだのに期待外れもいいところ。帰国命令が出るのも当然です。

「ああ負けた……。オレはロンドンに負けた」

完敗でした。今まで日本で培った営業実績がまったく役に立ちませんでした。

「世界獲ったるぜ!!」と勇躍乗りこんだのに、世界どころか1軒も契約を取れませんでした。安藤流体当たりの飛びこみスタイルは、イギリスではまったく歯が立ちませんでした。

営業マンになって初めて味わう挫折感。初めて感じた無力感。

日本一から奈落の底へ。

船橋では日本一になったのに、イギリスでは何の成果も残せず、わずか3カ月で追い出されるようにロンドンを去ったのです。

心機一転の転職

失意の中、イギリスから日本に帰り、本社の国際営業部に戻った私はどうしてもやる気が起きず、新規開拓もせずにただ漫然とした日々を送っていました。

船橋支店の3年間で築き上げた日本一の栄光は脆くも崩れ去り、私の中にあるのは海外で通用しなかったという挫折感だけでした。なまじ自分の営業能力に自信があっただけに、いったんその自信を打ち砕かれるとなかなか立ち直れません。さすがの私も〝落ちこみ3秒〟というわけにはいきませんでした。

「ああ……もうやめたいな」

すっかり自信をなくし、そんな弱気な思いも浮かんできます。

ちょうどその頃でした。彼女のお母さんから「ウチの会社に来ないか？」と誘われたのは。おそらくお母さんは娘のフィアンセである私の事情を彼女から聞いていたのでしょう。

「主人の会社で営業マンを探してるの。娘と結婚するならウチで働かない？」

実はイギリスに行く前から、それらしい話はあったのです。彼女からも「いずれはウチの会社に来て欲しい」と頼まれていました。でも子供の頃からの憧れ「海外で活躍する一流ビジネスマン」の夢を捨てきれなかった私は彼女の会社より海外赴任を選んだのです。

しかし結果は見事な惨敗。何の成果も残せず逃げ帰るように日本に戻り、その日本でも今ではお荷物社員のような存在。体当たりの飛びこみ営業が得意な私には、そもそも国際営業部は合っていなかったのです。

「もう一度営業マンとしてトップになりたい」

それでもなお私の中には支店に戻ってやり直し、営業マンとして再度トップに立ちたいという思いは消えていませんでした。

「小柳證券でもうひと頑張りするか、彼女の会社に行くか」……大きな選択です。そうそう簡単には結論が出せません。しばらく悩んでもなかなか答えを出さない私にしびれを切らしたように彼女のお母さんが言いました。

「娘と結婚したら、いずれウチの会社はあなたに任せたいと思ってるの」

会社を任せる？　私に？

今まで営業マンでトップになることばかり夢見ていた私にとっては寝耳に水。中小企業とはいえ社長です。一瞬ぐらっと来ました。

「娘にとってもあなたがウチに来てくれたら心強いと思うの。娘のためにもウチに来てくれない？」

〝娘のために〟の言葉がダメ押しになりました。彼女のことが好きだった私は「お互いが幸せになるには自分が彼女の会社に行くのが一番いい方法だ」と思ったのです。

「わかりました！　今の会社をやめます」

彼女のためにも行くと決めました。もちろん彼女との幸せを第一に考えたから。

でも正直いえば、会社を継ぐという〝玉の輿〟に乗ろうという思いも、ほんの少しだけあったのかも……。

「よ～し、心機一転やってやろう！」

挫折したとはいえ、それでも4年間お世話になった小柳證券をやめるのです。私の中では断腸の思いで證券営業マンの道を断って彼女の会社へ転職しました。

彼女とのバラ色の未来のために。

このときはまさかバラ色の未来どころか、海外赴任以上の地獄が待っているとは夢にも思わずに……。

社長からの鉄拳スパルタ教育

彼女の会社は東京郊外にある、社員全員で10人もいない、こじんまりした会社です。大手冷凍食品会社に原料となる肉の加工品などを作って収めている会社で、自社製造工場もあり、小人数で利益率が高いのか、会社の規模の割にかなり儲かっているようで社長一家は億ションに住んでいました。

当時まだ40代前半で現役バリバリ、頭も切れるしやる気もある社長です。大手企業が取引先で収益は安定していましたが「もう一つ柱となる事業が欲しい」と、事業拡大に対する意欲も高く、新規に立ち上げた事業が自社製品を使った新商品の製造販売。独自に開発した新製品をホテルのレストランやお弁当チェーン店などに売るのです。

新規に立ち上げた事業ですから、冷凍食品会社のルートセールスのように販売先が決まっているわけではありません。営業して回って買ってもらわなければいけませんが、かといって専業の営業マンもいません。社長一人で車に新製品を積んで、めぼしい販売先に営業に回っていました。

そこで白羽の矢が立ったのが私。彼女の母親から「娘の知り合いに證券会社でトップを取った優秀な営業マンがいる」との話を聞いて、「営業マンとしてぜひウチに来て欲しい」となったのです。このときはまだ私が彼女のフィアンセだということは社長には隠していました。

ここで少しご説明しておくと、社長は彼女にとっては義理の父親です。つまりお母さんの再婚相手。社長のほうが奥さんより10歳ほど年下でした。義理の父親とはいえ、社長は娘のことを溺愛していたので、彼女と私がつき合っていることは内緒にしていたのです。

もともとお母さんが結婚していたのはアメリカ人の男性で、そのときに生まれたのが彼女、そして5つ年下の弟。大学4年からつき合っていた彼女はハーフ特有の目鼻立ちの整った美人で、友達も羨むほどの〝自慢の彼女〟。弟もハーフ顔でスラッとしていて、いかにも女の子にモテそうな感じでした。

彼女の会社に移ってからの私の仕事は、営業先を回る社長に同行すること。同行というと社長の横に同席して一緒に営業するように聞こえますが、実際には運転手というか付き人。社長の愛車のベンツを運転して営業先まで社長をお連れする役目です。小柳證券ではトップ営業マンでしたが、食品の営業はまったくの畑違い。現場に同席しても何のお役にも立てないのですから無理もありません。

当時私は西日暮里のアパートに一人住まいでしたが、朝7時には社長をお迎えに行って、一日営業先を回り、仕事が終わると社長を自宅まで送り届けてからアパートに戻る。それが夜中の11時ぐらい。社長と二人きりでいる時間も長く、アパートに帰ると倒れこむように眠る毎日でした。

まだ40代前半と油が乗りきった年齢の社長は仕事に対してストイックで、自分にも厳しい分、人にも厳しい人でした。言葉使いや態度が悪いと怒られます。

たとえば何かミスをして言い訳でもしようものなら大変です。本気で殴られます。運転している横から、いきなり拳が飛んできます。鉄拳制裁のスパルタ教育。しかも一見、任侠映画に出ていた頃の梅宮辰夫みたいな風貌でガタイも良く、本音をいえばちょっとビビッてました。

社長は身だしなみにもうるさい人で、お客さんのところに行く前には必ず鏡を見ながらネクタイを締め直すような几帳面な性格。同行する私にも厳しくて、服装の乱れがちょっとでもあったり、お客さんの前での立ち振る舞い方が気に入らなかったりすると、帰りの車でガツンと鉄拳が飛んできます。

「営業マンとしてぜひウチに来て欲しい」と期待されて転職したはずが、来る日も来る日も社長の運転手兼付き人。そのうえ何か社長の気に障ることがあれば殴られる。さすがにやってられない思いで、社長が営業でいない隙に車の中でふて寝していたら、戻ってきた社長に見つかって思いっきり殴られました。

「ああ、何やってるんだ、オレは……」

船橋支店での栄光からイギリス出張で落ち、心機一転を期したこの会社でさらに落ち。トップ営業マンの栄光から一転二転して転げ落ちました。さんざん殴られて怒られてズタズタに落ちこんでいました。

「こんなことじゃいけない」

ある日、私は意を決して社長に言いました。

「社長、そろそろ私にも営業やらせてください」

「何を生意気なこと言ってんだ！　食品のこともよく知らないくせに」

「はぁ……しかし」

「お前にできるわけないだろうが」

「いや、でも私も営業マンとしてこの会社に来たわけですから。ぜひやらせてください！」

　運転手兼付き人になって2カ月ほど経った頃、思いきって社長に切り出してみました。このまま社長の運転手をしているだけでは何のために転職したのかわかりません。たとえ彼女との幸せのためとはいえ、いつまでも我慢できるものではありません。

「お願いします！　社長」

「う～ん……そうか、わかった。じゃあやってみろ」

　おそらく社長も「そろそろこいつに営業をやらせてみよう」と思っていたタイミングだったのでしょう。いつ私が言いだすのか待っていたのかもしれません。思えば恐怖の鉄拳制裁も「こいつを早く一人前にしてやろう」という社長の私への愛情だったのかも……。それにしてもスパルタ過ぎますが。

　それからは営業先で社長と同席するようになり、やがて食品のことが少しずつわかってくるようになると、社長は私一人に現場を任せてくれることも増え、それとともに殴られる回数も減っていきました。

「最近頑張るようになったな」

　転職して約3カ月、営業を任せてもらえるようになると、徐々に実績を上げ始めた私のことを社長はやっと認めてくれたのです。

地獄の工場

私より5つ下の彼女の弟は、製造工場の工場長を任されていました。

当初、私が社長の運転手をしてスパルタ鉄拳制裁で絞られていた頃は、私を見ると「安藤さん大変ですね。何かボクにできることがあれば言ってください」なんて、優しい猫撫で声で心配するような言葉をかけてくれていたものの、そのうち私が営業を任されるようになり社長に認められるようになってくると弟の態度が一変しました。

そうです、私のことを目の敵にし始めたのです。

おそらく最初は私のことを「どうせ無理だろう。社長に殴られてそのうち逃げ出すだろう」と余裕の眼差しで見ていたに違いありません。私のことを心配するそぶりをしながらも、心の中では「どうせこいつはやめるんだから」とあざ笑っていたのでしょう。ところがいくら殴られようと怒鳴られようとへこたれず、一向に私がやめないうえに、とうとう社長にも認められるようになってしまった。

「へたすると、こいつに会社を取られちゃうんじゃないか?」

強い危機感を抱いた弟は、父親から引き継ぐつもりの社長の座を守ろうと、私に攻撃を始めたのです。

「ある程度営業を経験したところで現場も知っておいたほうがいいでしょう。現場に立ってみることも営業の役に立ちます」

取って付けたような名目で、私を自分が責任者である工場に引っ張りました。

彼が工場長を務める工場は作業員が4人程度の小さな工場。そこは彼の天下。工場長に逆らう者など誰もいません。何をしようがやりたい放題。誰も手を出せない彼の聖域。そこに私を引きずりこんだのです。

そこはまさに〝この世の地獄〟でした――。


工場では材料となる食材を切って、さらにそれを細かく砕きます。それを20キロ分作り、バケットに入れてマイナス30℃の冷凍庫に入れて保存します。

白い作業服を着てマスクをつけて髪の毛が落ちないように白い帽子をかぶり、作業に取りかかります。手作業で食材を均等に切ろうとするのですが、慣れない私はなかなか上手くいきません。作業に入る前にベテラン作業員のおばさん従業員からやり方を教えてもらってはいても、初めての作業に手間取り上手くいきません。

「あっ！」

手元が狂って切り間違えると、

「何してんだよ！」

工場長の弟に怒られます。

「そんなこともできないのかよ！　そんなので営業なんかできるわけねーだろうが」

営業するのと食材を切るのにどんな関係があるのかわかりませんが弟は容赦ありません。

「ヘタクソ！」

〝ガツン！〟

失敗すると殴られます。最初のうちこそ、物陰に呼ばれてみんなから見えないように殴られていたものの、そのうちみんながいるところでも平気で殴られるようになりました。

「何やってんだよ！」〝ガツン！〟

「ミスってんじゃねーよ！」〝バシッ！〟

「バカヤロー！」〝ガツンガツン！〟

「気に入らねーんだよ！」〝バシッバシッ！〟

失敗するたびに殴られます。殴るだけでは飽き足らないのか、蹴りも入れてくるようになりました。

「何笑ってんだよ！」〝バシッ！　ボコッ！〟

そのうち失敗しなくても、何かと理由をつけて殴られるようになり、毎日毎日殴られて蹴られてボコボコにされます。

〝そこに安藤がいるから殴る〟です。とにかく私の存在自体が気に入らない。顔を見れば殴りたくなる。お姉さんのフィアンセである私が社長に認められたことで、弟の敵対心が抑えきれないほど爆発してしまったのです。

毎日殴る蹴るは当たり前。そのうち殴る蹴るだけでは物足りなくなったのか、バケットで体を殴られたり、思いきり投げつけられて体に当たったこともあります。20キロの食材を乗せるバケットですから頑丈にできていて重さもあります。それで殴られるのですから半端じゃない痛さ。たぶん一度や二度は骨折していたでしょう。

しかしそれだけの暴力を振るわれても、まわりの作業員は誰一人として弟に「やめろ」と進言する人はいません。工場長である弟は、工場では絶対的な君主。その工場長に文句を言えばクビにされると怖れたのでしょう。私がどんなにひどい仕打ちを受けようと、誰も私を助けようとはしてくれませんでした。

悪魔の虐待

私のことをなんとしてもやめさせたい弟は、とうとう信じられないことをするようになりました。

ある日、20キロの食材を乗せたバケットを保管しようと私が冷凍庫の中に入っていくと、その途端に〝ガチャリ〟と音がしました。

「え、何?」

一瞬何が起きたのかわからず、音がしたほうを見るとドアが閉まっています。

「何で? どうして?」

重たいドアが自然に閉まるはずありません。私を閉じこめようと、故意に誰かが外から入口のドアを閉めたのです。

「え、ええ〜!?」

冷凍庫の中はマイナス30℃。季節は真夏とはいえ、さすがにマイナス30℃は寒過ぎます。しかも真夏で薄着なところにマイナス30℃。途端に凍えます。

「寒い寒い寒い〜!」

冷凍庫ですから、どうやっても中からドアは開きません。

「おーい! 誰か開けてくれ〜」

大声で叫んでみても厚い壁とドアに遮られて外まで聞こえません。

「どうしよう……」

マイナス30℃ですから確実に凍え死にます。吐く息が白く、あまりの寒さに体がガタガタ震えてきます。必死に体を動かして動き回り、少しでも体温を下げないようにしようとしますが、どんどん体が冷えていくのがわかります。

「このままじゃ死んじゃうよ」

誰も開けてくれないまま5分が過ぎ、10分近く経ったでしょうか、そろそろ意識も朦朧としてきた頃、〝ガチャリ〟とようやくドアが開きました。

「た、助かった……」

冷凍庫から転がるようにして急いで飛び出ると、朦朧として霞んだ目に映ったのは、ドアの前に立ち、ニヤリと不気味な笑みをたたえた弟でした。

「大丈夫でしたか？　冷凍庫のドア閉めて入っちゃ危ないですよ。いや〜危ない危ない。死ぬところだったなあ」

〝ハハハハ〟と笑いながら立ち去っていくその姿は、私の目には悪魔に映りました。

「このままだと殺される」

イジメを超えた虐待、いや拷問です。私は本気で命の危険を感じていました。

それだけ毎日殴られたり蹴られたりすれば体中怪我だらけ。顔が変形するぐらい腫れ上がり、口の中が切れて血が出ているような顔で彼女や彼女のお母さんと会うのですから、向こうも「どうしたの、その顔？」と心配します。

「いえ……ちょっと転んで。たいしたことないですから。全然心配しなくても大丈夫ですよ、ハハハ……」

まさかそこで「弟にやられた」とも言えずに言葉を濁すと、さすがに向こうも気づいたのでしょう。あとで弟に「もうやるんじゃない」と注意したようです。

それが気に入らない弟から、また余計に殴られました。

「耐えるしかない」

それでも私は抵抗しませんでした。弟にやられるまま、ひたすら耐えました。

ただただ彼女のために、毎日繰り返される弟の嫌がらせを必死に耐えていたのです。

最後の砦

私が弟の虐待に耐えていたちょうどこの頃、世間ではバブル景気に賑わい始めていました。好景気に沸いて人々は浮かれ始め、繁華街には深夜まで人が繰り出し乱痴気騒ぎ。日経平均株価もうなぎ上りに上昇し、私がいた小柳證券の若い女子社員でもボーナスがウン百万円も出ていたといいます。

世の中全体が景気のいい明るい話題でもちきりの中、私のまわりは明るい話題など何もない灰色の毎日。持ち前の明るさも影を潜め、笑うことすら忘れていました。なにしろ笑うだけで殴られるのです。

工場ではいつ終わるともしれない弟からの陰湿なイジメが続いていました。毎日毎日鬼のように繰り返される体罰。それでもなかなか音を上げない私にしびれを切らした弟は次の攻撃に出ました。

体罰の次は〝お金〟。「体でダメなら金」とばかりに私の給料に手を出してきたのです。

当時私が30才になる頃、今から32年ほど前は、まだ給料を手渡しする会社が多くありました。給料日になると弟が私のところにやってきて言うのです。

「ちょっと貸せよ」

〝貸してください〟じゃなくて〝貸せよ〟です。それも背の高い弟は私を見下ろすようにして威圧的な声で脅すのです。

「貸してくれるよな」

完全に横領です。恐喝です。繁華街で中学生が怖いお兄さんから「ちょっと金貸してくんない」と脅されてカツアゲされるのと同じ。まさか30近くにもなってカツアゲに遭うとは。しかも彼女の弟から。

「いくら……ですか？」

「いくらじゃねーよ、全部に決まってるだろ」

「いやそれは困ります」

「困るからどうした」

「このお金がないと生活できませんよ」

「だからどうした？」

「どうした……と言われても」

「いいから全部渡せよ！」

弟は私から給料袋ごと奪うように全部取っていきました。本当ならここで「テメー何すんだ！　返せ！」と殴りかかってでも取り返すべきでしょうが、なにぶんにもケンカが弱いうえに、相手は彼女の弟。ここでもじっと耐えるしかないのです。

「彼女のためにも我慢しよう」

問題を起こすより私が我慢すれば済むと、ここでもひたすら耐えました。

しかし弟は攻撃の手を緩めません。さらなる攻撃を繰り出してきたのです。それも私に決定的なダメージを与えるような攻撃を。

「ウチの母親に預けた退職金返してもらえよ」

実は小柳證券をやめたときにもらった退職金を彼女の母親に預けていたのです。

退職金は２００万円。私がやめた当時はまだバブル景気前でしたが、営業成績トップだった上乗せ分もあって、４年間で２００万円という当時としては破格の金額をもらったのです。その２００万円をそっくりそのまま彼女の母親に預けました。

「将来娘さんと結婚するための資金としてお母さんに預けます」と。

そのことも弟は気に入らなかったのです。

「安藤くんっていい子だね。大切なお金まで預けてくれて」と母親が言うのが。

「あの金返してもらえよ」

「いや……それだけは」

「金ないんだろ？」

「そりゃまあ、そうですけど」

「困ってるんだろ？」

「ええまあ……」

「じゃあ返してもらえよ。〝お金がなくて生活が苦しいから〟って言えば返してくれるよ」

「いや、あのお金は私の誠意ですから」

「何が〝誠意〟だよ。誠意より金だろ。金ないと生きていけないだろ」

私のことがとことん気に入らない弟は、私になんとしても母親から退職金を取り返させようと仕向けます。

「早く返してもらいに行ってこいよ！」

「はぁ……」

「行けってば！　こいつ、行かねーのかよ！」

今にも殴りかからんばかりに有無を言わせぬ迫力で迫ってくる弟に恐れをなした私は、とうとう退職金を返してもらいに彼女の母親のもとに行きました。

今から思えば当時の私は毎日虐待を受け続けた恐怖から、ある意味弟に洗脳されていたのかもしれません。絶対的君主と奴隷のように。

「スイマセン。ちょっとお願いがあって来ました」

「どうしたの？」

深刻な様子でやってきた私を前に、お母さんは怪訝そうな顔で尋ねました。

「お預けしたお金ですけど、いったんちょっと返していただけますでしょうか？」

「え？　どうしたの？　何で？」

「ちょっとお金がなくて困っているもので……」

お母さんからすれば「娘との将来のために」と預けてきたお金を返せと言われて、いい気がするわけありません。それも「お金がないから返して欲しい」という理由なのです。

「なんてだらしない人なんだろう」と思うに決まっています。

「もともとあなたのお金なんだし。返して欲しいなら返しますけど」

呆れたようにそう言うと、お母さんは預けた２００万円を金庫から取り出して返してくれました。

「その金よこせよ！」

私が２００万円を持って帰ると待ち構えていたように、その２００万円も弟に強引に奪い取られました。

「な、言った通りだろ。すぐ金返せって言ってきただろ」

追い打ちをかけるように、後で弟は母親に告げ口したそうです。弟とすれば、私が退職金全部を預けるほど誠意をもってつき合っている、その〝誠意〟を覆したかったのです。

「ああ、もうダメだ……」

彼女に対する私の誠意はガラガラと崩れ落ちました。お母さんのみならず、事情を知らない彼女の私を見る目も不信感が溢れているようです。

「お金返してもらったんだってね」

冷たい口調でそう言うと、蔑むような目で見られました。

「しょせんお金に汚い人だったのね」

お母さんからも彼女からも見放され、私は唯一の味方を失ってしまったのです。

「もうここにはいられない……」

粘り強い体質の私ですから、社長から殴られても耐えました。弟から殴られても蹴られても冷凍庫に閉じこめられても反抗一つせずに耐え忍びました。

彼女との幸せのために。

その〝彼女との幸せな未来〟という最後の砦が崩れ落ちたのです。２００万円の誠意とともに……。

「ここでは生きていけない」

お金もなくし、信用もなくし、夢もなくし、愛もなくし……すべてをなくした私は、生きる希望さえ見失いかけていました。

玉の輿に乗るつもりが、乗ってみたら地獄の輿。この世の地獄でした。

「もう無理だ」

耐えること2年。もう限界でした。

疲れ果てた私は、最後に置手紙のように辞表を残して、逃げるようにして彼女のもとを去りました。

天国で見た青い海

「これからどうしよう?」

栄光の小柳證券時代から地獄の底へと突き落とされた私には、この先どうしていいのかわかりませんでした。お金もないし行く当てもない。家賃を払うことすらままならず、このままでは住む場所もなくなってしまいます。

そんなボロ雑巾のようにズタズタになった私に救いの手を差し伸べてくれたのは沖縄でした。

沖縄には母親が住んでいました。兄と私が独立した後、父親と離れて暮らすことを選んだ母は、地元の沖縄で一人で暮らしていたのです。

「そうだ、沖縄に行こう」

あのとき、なぜそう思ったのかはわかりません。その思いが自然に湧き上がってきたのです。おそらく沖縄が私を呼んでくれたのでしょう。

とにかく一刻も早く、忌まわしいこの地を離れたかった。

私は取るものも取らず身のまわりの荷物だけ持って、まるで逃げるようにして沖縄に飛びました。

それが今から32年前の7月のことです――。

7月の沖縄は夏真っ盛り。たくさんの観光客で賑わいます。ウキウキと明るい顔の観光客に混じって、ただ一人ずっしりと沈んだ暗い顔。

「これからどうなるんだろう……」

そう考えるととても明るい気持ちにはなれません。夢破れた人生の敗北者として、逃げるように沖縄にたどり着いたのですから。

「博章、すぐにこっちに来なさい。沖縄で一緒に暮らせばいいわ」

そんな私を母親は快く迎えてくれました。

那覇空港から車で那覇市内にある母親が住むマンションに向かいます。

その途中、突然景色が開けて海が見えてきました。

ブワ～っと広がる青い海。

車の窓を開けて海風を受けると、初めて感じる沖縄の海の香りがしてきます。

「なんてキレイなんだろう」

生まれて初めて見る沖縄の海が、私の傷ついた心を癒し、〝生きている〟という実感を取り戻させてくれました。営業マンとして天国と地獄を経験した私の心の奥深くまで、沖縄の海の美しさが染み渡るように広がっていくようです。

「天国と地獄って、このことだな」

青く美しい沖縄の海。

私のまわりの景色がそれまでの灰色からブルーに変わりました。

暗い場所からいきなり太陽が燦燦と輝く明るい場所へ。

地獄から天国へ。

辛く苦しい我慢の日々。灰色しかなかったあの場所。地獄のような2年間の暗黒の日々から逃げ出してきた私が目にしたのは、天国のような沖縄の青い海でした。

彼女とも別れ、仕事もなくし、ボロボロの私を沖縄の海が救ってくれたのです。

「本当に来てよかった」

どこまでも広がる青い海と青い空。

沖縄の海は優しく包みこむように私を迎えてくれました。

そのとき私は涙が溢れて止まりませんでした。

高級布団のセールスマン

沖縄に来た私はすぐに仕事を探しました。母親と一緒に住むといっても、いい大人が仕事もせずに母親の世話になるわけにはいきません。子供の頃からじっとしているのが苦手な私は、とにかく体を動かす仕事に就きたかったのです。あの地獄の工場でズタズタに折れた心と体も、沖縄の海と空がすっかり癒してくれました。

それとともに持ち前の営業体質が蘇ってきました。思えばイギリス出張、食品工場とほとんど営業ができませんでした。フェイス・トゥ・フェイスで人と会って営業するのが大好きな私は思うような営業できずに、ずっと鬱憤が溜まっていたのです。

「営業したい！」

営業マンを募集している会社を片っ端から探して就いた仕事は〝布団のセールスマン〟。

沖縄本島の南部地域と中部地域のちょうど境目にある浦添市にある地元企業のタマブキは、布団やシーツ、枕などの寝具や着物などを販売している会社です。羽毛や羊毛といった、ちょっと高級な布団を扱っていました。

タマブキの販売形式は当時流行っていた〝展示会販売〟。沖縄各地で展示会を催し、来場したお客さんにその場で販売するのです。当時はまだ世の中がバブル景気に浮かれてい

た頃、本土から離れた沖縄にも景気の波は押し寄せ、高価な布団や着物でも買っていくお客さんがかなりいました。

私を含めて20人ほどいた営業マンの仕事は、まず展示会の1週間ほど前に現地に入って販売員のアルバイトを募集します。展示会場近くの家を回ってかき集めてくるのです。

「タマブキの安藤と申します。そこの公民館で3日間展示会をやりますのでアルバイトしませんか?」

主婦や学生、主に女性に声をかけて販売員を募集します。

ここでも毎日100軒飛びこんでアルバイトを探しました。飛びこみはお手の物。次から次へと飛びこんで、毎回私が一番多くアルバイトを集めてきました。

次の仕事は展示会での販売。展示会に来たお客さんに口八丁手八丁の営業トークで買ってもらうのです。

「人間って1日の1/3は寝てるんですよ。だから布団は大事なんです」

まずここから入って何で羽毛や羊毛の布団がいいのか説明します。

「綿の布団だと植物繊維ですから汗を吸収しちゃうんですよ。汗を吸った布団にずっと寝てると体によくありません。その点羽毛や羊毛の布団はどちらも動物性繊維ですから汗を吸い取っても発汗します。布団が湿ってないで乾くから体にもいいんですよ。羊毛の敷布団を敷いて、羽毛の掛け布団をかければ、湿疹やかぶれもできにくくなります」

こうした説明でお客さんの関心を引くのです。ここで相手が興味を持って布団の手触りを確かめるように手を伸ばしてきたらこっちのもの。

「いい布団でしょう！　自分のためにもお子さんのためにもいかがですか？　どうせ寝るならいい布団で寝たほうがいい。少しお高くてもそれだけの価値があります。なにしろ人生の1/3は寝てるんですから。決して高い買い物じゃありませんよ。一生ものですよ！」

この〝一生もの〟に特に女性は弱いのです。展示会場で布団とともに販売していた着物もこのセールストークが効きました。

「どうせお金を使うなら、他のものにお金を使うより着物に使ったほうがいいですよ。一生ものですよ！」

着物も布団も高価な買い物です。それでも〝一生もの〟と聞くと、女心をくすぐるのか、ついつい買ってしまうのです。羊毛敷布団と羽毛掛け布団のセットで30万円。普通の布団と比べるとかなり高級な布団ですが、それでも売れました。

売れると営業マンには歩合が入ってきます。歩合は10％。30万円で3万円です。当時の月収のベースが20万円のところ、私の月収は毎月50万円以上。給料よりも歩合のほうが多いぐらいでした。

ひと言お断りしておけば、私のセールストークにウソはありません。布団も着物も質のいい高級品。その辺の安物を高い値段で売りつけているわけではありません。

証券営業マン時代から私の営業の基本は〝正直で実直なこと〟。いくら売りたいからといっても、ウソをついてまで売るようなことは決してしません。

やはり営業の根本は〝お客様のため〟。その精神がなければ売れるものも売れません。自分の欲で営業してもお客様に買っていただけません。口が上手いだけでは営業マンとして成功できないのです。

伝説の営業マン

展示会は沖縄中いろいろなところで開催されました。沖縄最北端の国頭村などの北部やんばる地域や、宮古島や石垣島などの離島にも行きました。

沖縄の海はどこまでも青くて広く、空は抜けるようなブルー。沖縄の人たちもみんな明るく親切で、私も持ち前の明るさがすっかり戻っていました。

それとともに一度火がついた営業魂は熱く燃え上がり、いても立ってもいられません。暗黒だった2年間から解放され、溜まりに溜まっていた鬱憤が一気に爆発して営業したくてしたくて我慢できないのです。

「ああ、売りたい！　売りたくてたまらない」

展示会場は朝10時から開きますが、そんなに朝早くからお客さんは来ません。仕事が終わって夕方から来場する人が多いのです。そうなると会場にいても手持無沙汰。根っからの営業マン体質の私は飛びこみに行きたくてウズウズしていました。

「ちょっと私、売ってきます！」

そう言って会場を飛び出すと、会場近くの家から順番に飛びこんでいきます。

沖縄の家は南国特有の開放的な家が多く、どこもみんな開けっ放し。證券営業マン時代と違って、ピンポン押すこともせずに門から玄関まですんなり入っていけます。犬に吠えられることもなく、ホースで水をかけられることもなく営業開始。

「ちゃーべらさい！」

開けっ放しの玄関から中を覗いて、沖縄の方言で「こんにちは」と声をかけると、中から出てきた人が、

「ぬえびが？」（何ですか？）

そう言って私を見ると、

「帰れ帰れ」

Yシャツ姿にネクタイをして、背中に圧縮した羽毛布団を8個ほど背負っているのです。どこからどう見ても〝布団のセールスマン〟の私を見て、まるで怪しいやつを追い払うかのように〝シッシッ〟と手で払うように追い出されました。

「ちゃーべらさい！」（こんにちは）

「にぃにぃ帰れ帰れ」（兄ちゃん帰れ帰れ）

その繰り返し。開けっ放しで玄関までは入りやすいけど、初対面の人間を家に上げるほどお人好しではありません。

「普通に営業しても難しいな。さてどうするか？」

そこで考えたのが〝カップ麺作戦〟。

「ちゃーべらさい！」

「ぬえびが？」

中から出てきたおばあちゃんが私を見て、

「いらないいよ。帰れ帰れ」

いつものように断られたところで、

「セールスに来たんじゃないよ。お腹空いてカップ麺食べたいんだけど、お湯入れさせてくれる？」

お昼どきを狙ってカップ麺を持って訪ね、お湯をもらう名目で上がりこもうという作戦です。

この作戦がズバリ当たりました。背負ってきた布団を下して、もらったお湯を入れたカップ麺を食べているとおばあちゃんが、

「何ね、コレ？」

私が担いできた布団が気になるようです。

「おお、いいねえ。柔らかいねえ」

気になったおばあちゃんは布団を触りだしています。布団に興味を持って食いついてきたらこっちのもの。すぐにカップ麺を食べるのやめて、そこからは営業開始。

「おばあちゃん、一日何時間寝ますか？」

お湯をもらった家の人が布団に興味を抱いたら100発100中。30万円の布団セットが次々に売れました。展示会場での販売がメインの営業マンの中で、唯一私だけが飛びこみ営業で売上を伸ばしたのです。

「じゃあ私、ちょっと売ってきます」

それからは水を得た魚、〝営業を得た安藤〟です。毎日のように圧縮布団を背負ってカップ麺を持って飛びこみました。

その結果、あっという間に売上トップ。私が来る前はずっとトップだった地元沖縄のおばちゃん営業ウーマンを本土からやってきた私がいきなり抜いたのです。それも2倍どころか3倍、4倍も。

「安藤さん、凄いね〜」

営業が終わってから先輩とよく行った浦添のサウナ。サウナを出てから冷えたオリオンビールを飲みながら先輩が感心したように言います。いまだかつてこれほど短期間で売上を伸ばした営業マンは他にいないのです。

今まで抑えつけられていた分、一気に弾けました。沖縄にいた2年間で布団を売って売って売りまくりました。朝から晩まで営業三昧。

「ここはパラダイスだ！　営業マンのパラダイスだ!!」

こうして私は記録的な売上を残し、沖縄で〝伝説の営業マン〟となったのです。

東京で一旗揚げたい！

「安藤さん、あなたは東京で活躍できる人だ。ここじゃもったいないよ」

あるとき、布団の販売で記録的な数字を上げ続けていることを伝え聞いた母の友達が、私のところにやって来て言いました。

「沖縄で埋もれてちゃもったいないよ。東京に戻ったほうがいい」

その母の友達は、地元の沖縄で東京海上火災の代理店をやっていました。自らも現役の損保レディとして活躍している母の友達は、私の沖縄での実績を聞いてアドバイスしてくれたのです。

「東京海上の代理店制度があるから受けてみたらどう？」

代理店制度というのは、東京海上火災保険株式会社と個人的に契約を結び、東京海上の損害保険商品を販売する、一人一人独立した個人営業の営業マンのことです。

「社員としては入れないけど、代理店は頑張れば誰でもできる」

東京海上火災保険株式会社といえば、当時は大学生の〝就職したい企業ＮＯ・１〞といわれるほどの超人気企業。東大をはじめ有名大学卒の優秀な学生が集まるエリート企業ですから、とても私のような学歴と職歴の人間が社員として採用されるはずがありません。しかし個人契約の代理店なら私でも採用される可能性十分。東京海上火災といえば損害保険のトップ。どうせやるなら損保日本一の東京海上で一旗揚げたい。

「よし！　受けてやろう！　男安藤、一生沖縄で骨を埋めるのはもったいない」

〝落ちこみ3秒、後悔2秒、決断１秒〞の私です。決断したが早いか、さっそく話を聞いてすぐ7月の試験を受けました。

試験会場は東京。久しぶりに東京の地を踏んだ感傷に浸る間もなく、東京海上の代理店試験に臨みました。

「親戚や知り合い、友達は１００人ぐらいはいますか？」

どこの生保や損保でもそう聞かれます。会社としては新人にはまず知人から契約を取る〝縁故知人マーケット〞の開拓をして欲しいからです。

「代理店として稼ぐ気はありますか？　上を目指す気はありますか？」

面談では〝やる気〞を聞かれます。自分のやる気のプレゼンです。

「あります！」

今までの実績をアピールして自信満々に言い切りました。

「実績もあります！　自信あります！」

證券営業マン時代の日本一の実績、沖縄での記録的な布団販売実績をアピールした結果、見事に合格。しかも普通は合格までに5回程度面談を受けなければいけないところ、「沖縄から5回も行けません」との要求も通り、すんなり1回の試験でOK。代理店として無事に採用になったのです。

「東京で頑張ってきなさいね」

母はそう言って私を送り出してくれました。

「よし、やってやる！　やるからには日本一の代理店になってやる!!」

身も心も疲れ果て、傷心しきって逃げるようにやって来た沖縄で、私は再び営業マンとしての自信と誇りを取り戻していました。

那覇空港から飛び立った飛行機の窓から見えるのは、どこまでも広く青い海。

あの日、沖縄に着いた初日に見た、あの沖縄の海です。

「ありがとう！　沖縄」

窓の下に広がる青い海を眺めながら私はそう呟いていました。

沖縄に来て2年、1993年7月、私は再び東京に戻ってきました——。

第3章

損保営業サバイバル

研修生としての覚悟

損害保険トップ、天下の東京海上の代理店試験に合格した私は沖縄から東京に生活の拠点を移しました。江東区木場にあるホッタビルの402号室。古びた1Kのこの部屋が、心機一転東京での営業マン生活をスタートする私の砦となるのです。

ここで少しご説明しておくと、代理店制度というのは採用されてすぐに代理店になれるわけではありません。最初は代理店になる前の研修生として入ります。研修生として3年間、代理店になるための研修を行い、そこで3年間生き残ったものだけが晴れて代理店として独立できるのです。

今〝生き残った〟と言いましたが、損保営業マンは100人いる同期研修生のうち3人しか残らないといわれる過酷な業界。そのためか2カ月おきに新規の研修生が採用されて続々と入ってきます。その中で生き残るのはほんの一握り。厳しい戦いに敗れて同期のほとんどが去っていくサバイバルな業界。私はそんな過酷な世界に自ら望んで足を踏み入れたのです。

「絶対に負けないぞ！　生き残ってやる」

これまでに地獄を見てきた私です。ちょっとやそっとの逆境ではへこたれません。たとえ血へどを吐いてでも、この業界で一旗揚げる覚悟です。どんなに厳しくても営業の仕事ができるのであれば本望。それが私の一番の喜びなのです。

証券と損保の営業は似ています。どちらも無形の商品。車や電化製品などと違って形がない商品を売るのです。その点では証券営業マンの経験がある私は有利です。

何よりも大事なことは〝自分を売りこむ〟こと。これはどんな営業もそうですが、特に無形の商品を扱う証券や損保の営業マンは商品が目に見えない分、お客様に自分を認めていただけないと商品を買ってもらえません。

〝自分を売りこんで信用を得る〟それがすべて。どんなにいい商品だろうと、その営業マンのことが信用できないとなれば買ってもらえません。相手から信用されること。それが営業マンに欠かせない資質なのです。

「代理店になって稼ぐ気はありますか？」

採用試験の面談で面接官にそう聞かれましたが、これには研修生の給与待遇が関係しています。

研修生の月収は、結婚して子供がいる人は40万円。奥さんはいるけど子供はいない人は35万円。独身者は30万円と決まっています。研修生の中には給与待遇だけを見て「最初から月にこれだけもらえれば十分生活できる」と勘違いする人もいますが、実際には半年ごとに査定され、成績を上げられなければ給与は容赦なくどんどん下がっていきます。

最初40万円だったのが2年経って半分の20万に減ってしまえばやめざるを得ません。

「〝東京海上〟のネームバリューがあればなんとかなるだろう」と甘い気持ちで入った研修生は、代理店に昇格できずに途中でやめていってしまうのです。半端な覚悟では生き残れない世界です。

その点私は違いました。会社から出る給与などハナから当てにしていませんでした。

「青天井で稼ぐぞ!!」

保険の営業マンはお客様から契約をいただく、つまり保険を売れば売っただけ歩合が入ってきます。

それはまさに〝青天井〟。成績が良ければ、天井を突き抜けてどこまでも上がっていきます。

「固定給を突き抜けよう!」

それが研修生になった当初からの私の目標。給与はあてにせず歩合で稼ごうと決めていました。ナンバーワン損保の東京海上で一旗揚げようと、パラダイスだった沖縄の生活を捨てて東京に出てきたのです。固定給で満足するような営業マンとは最初から覚悟が違います。

いざ研修生の営業活動が始まると、査定ごとに給与が下がっていく同僚を後目に、私の給与はどんどん増えていきました。最初は月30万だった給与は1年後には月100万以上になっていったのです。

貫いた〝安藤流スタイル〟

研修生は最初の2カ月で損保についての勉強を徹底的に行います。何はともあれ、まずは損保商品を販売する代理店資格を取らないと営業できないからです。2カ月で代理店資格を取ってから、そこからはいよいよ営業開始。

研修といっても実践です。研修期間は3年後に独立した代理店となりフルコミッション（完全歩合制）に移行するための準備期間。3年間の研修期間にお客様を開拓して、自分自身でマネージメントできるようになるための期間なのです。

研修期間中に開拓したお客様は、独立してからも自分の顧客となります。つまり研修期間中から独立後に向けて何人の顧客を掴むことができるか真剣勝負です。

首都圏の新人研修生100名は不動前の支店に集められ、そこから営業に出かけていきます。営業のやり方は人それぞれ。テレアポ、ポスティング、紹介営業、そして飛びこみ。もちろん私は飛びこみ。あくまでも安藤流スタイルを貫きます。

7時半には出社して、9時になると同時に営業開始。証券営業時代と同じように支社の隣からしらみ潰しに飛びこんでいきます。

当時、研修生になりたての1993年は、日本初のプロサッカーリーグJリーグが開

幕して華やかな話題を投げかけていましたが、一方ではそれまで続いていたバブル景気がついに崩壊し、株価や地価が下落、未曽有の不景気へと突入し始めた頃。世の中には暗い影がひたひたと忍び寄っていました。

しかし世の中の景気が良かろうと悪かろうと、私たち営業マンはお客様に商品を販売し、買っていただくしかないのです。

「1日100軒飛びこむぞ!」

1日100軒は〝安藤ノルマ〟。損保営業でもそれは変わりません。私はただ実直に1日100軒、毎日飛びこみました。

研修生で私の他には飛びこみ営業をしている人はほとんどいません。みんなテレアポやポスティング、一番多いのは紹介営業。私のような体を張った泥臭い飛びこみスタイルは、他の研修生からすれば珍しい目で見られていたでしょう。

「今どき飛びこみですか？　大変じゃないですか？」

同期の研修生からそう言われたほど。それでも私は毎日ただひたすら飛びこみました。

「東京海上の安藤と申します。このたびこの地区を担当させていただくことになりました。ご挨拶に伺いました」

やっていることは小柳證券時代と同じでも、相手の対応は違いました。それは〝東京海上〟のネームバリュー。さすが天下の東京海上です。どこの馬の骨ともわからなければすぐに断られるものを、一流企業の東京海上の名前を出すと無下には扱われず、一応は話を聞いてくれるのです。証券時代は１００軒飛びこんで5軒から10軒相手にしてもらえればいいほうだったのが、１００軒で20軒から30軒と2〜3割増しになりました。

もっとも2割増し3割増しになろうと、それだけで契約が取れるわけではありません。会社名は知っていても私のことは知らないのです。いきなり契約に結びつくことなどありません。

「火災保険や自動車保険にはもう入っていらっしゃいますか？」

「入ってますよ」

最初はたいていその程度で終わり。でもそこで諦めないのが安藤流。船橋支店のときと同様に、一度断られても何度でも顔を出しました。

「ちょっと前を通りかかったもので寄らせていただきました」

何度か顔を出しているうちに相手に顔を覚えられて距離感がだんだん縮まっていきます。

証券と保険の一番の違いは母数の違い。証券マン当時、まだ株をやっている人は少なかったので株をやっている人自体を見つけることが仕事でした。株と比べて保険に入っている人のほうが遥かに多い分、営業する対象が最初から多いのです。

損保営業でも1日１００軒の飛びこみを続け、一度断られても何度も顔を出して繋げたことで、次第に契約に結びつくようになっていきました。

トーク力より質問力

損保営業を始めた当初、飛びこみで当たるのは個人がメインです。生命保険の営業マンも損害保険の営業マンも、最初は個人客から始めて契約を取り、そこから単価アップで効率良く契約を取るために法人営業メインに切り替えていくのが保険営業の王道。もっとも私の場合やっていることは同じ。個人も法人も飛びこみです。

「そこに家があるから飛びこむ」「そこに会社があるから飛びこむ」

安藤流の営業スタイルは変わりません。法人営業でも電話で事前にアポなど取らずに飛びこみます。受け入れてくれるのは50社に1社ぐらい。大きな企業だと総務を通す必要があり受付で門前払いが多いのですが、中小企業のオーナーは「東京海上」と聞いて受け入れてくれる人もいました。

「東京海上の安藤と申します。私ども東京海上の代理店はもう誰か来てますでしょうか?」

飛びこんだ相手先ではまずこう切り出します。ここで先方が「東京海上の保険に入ってる」と返答したら、それ以上営業できません。同門の代理店の顧客を奪い取るような行為はしてはいけない不文律があるのです。

私の営業トークに必勝パターンや決めゼリフはありませんが、何百回、何千回、何万回と飛びこんだ経験から見出した、相手が受け入れやすい営業トークがあります。

それは〝質問〟です。それも二択。〝イエスかノー〟で答えられる〝イエスノークエスチョン〟。

どんなに上手な営業トークをしようとも、人は信用していない人間の言葉は右から左に流されて受け入れてもらえないもの。その点、相手に対してこちらが問いかけると、案外答えてくれます。相手が考えこむような質問は「うるさい」となりますが、考える必要がない〝イエス・ノー〟で答えられる二択だと、意外なほどすんなり話が進みます。

「火災保険にはご加入されてますか？」

「入ってるよ」

「どちらにお入りですか？」

「三井住友に入ってるよ」

「自動車保険はいかがですか？」

「自動車保険も入ってるよ」

「どちらにお入りですか？」

相手が答えやすいように、最初は〝イエス・ノー〟クエスチョンから。

もちろんこのときも相手の顔色を伺いながら「問題なささそうだな」と思えば続けて、

「何か嫌そうだな」と感じたら質問をやめて引き下がる。相手を不快にしないように気をつける〝場を読む〟ことも営業マンには必要な資質です。

「火災保険は入ってますよね？」

「入ってるよ」

「地震保険は入ってますか？」

「地震保険？」

今でこそ地震保険は一般的になりましたが、当時はまだ加入率が2割程度。そこを狙って地震保険に対するニーズを喚起するように営業して契約をいただくこともありました。

「何かお困りのことはありませんか？」

「実はさ……」

もしここで「あるよ」と答えが返ってきたら、そこから相手の懐に入っていきます。困っている問題点は何なのかを聞き出していきます。

「ご担当の方は熱心なご対応をされてるとは思いますけど、何かご不満な点などはありませんか？」

保険の営業マンは売っておしまいではありません。何かあったときの対応こそが大事です。トラブルが発生した際に顧客の身になって対応し、お客様を守ることこそ、一番大事な仕事なのです。

いざというときにお役に立てる担当者でなければお客様は安心できません。役に立てないのであれば何のために保険料を払っているのかわかりません。担当者や代理店に不満や不安があれば、次の満期では保険を切り替えるケースもよくあるのです。

損保の場合は1年に1回、満期時に契約更新があります。満期日の更新管理のことを〝満期管理〟といいますが、この満期管理が上手くできていないと、お客様を他の代理店に取られてしまいます。逆にこちらは1年に1回の満期を狙って、切り替えしてもらうための営業をかける。損保営業の世界では更新時期を狙った熾烈な戦いが繰り広げられているのです。

「次の更新はいつ頃ですか？」

満期情報を教えてくれたところは見込み客。再訪して顔繋ぎして、更新の2カ月前あたりを狙って、

「再来月満期ですが保険の切り替えはいかがですか？」

そうして切り替えていただいたお客様も何軒もいました。

見込み客や既存の顧客先への訪問も欠かさずに続けて、お客様のフォローをすることが大事です。

最初から誰しも心を開いてはくれません。何度か通って顔を覚えてもらうことで、次第に人間関係が築かれていくのです。

エリート社員を見返してやりたい！

我々代理店研修生と違って、東京海上の正社員さんたちは皆さん超エリートです。なにしろ当時〝入りたい企業ナンバーワン〟だった、学生たちにとっては憧れの企業。東大や慶応はじめ厳しい就職競争に勝ち抜いた優秀な学生が入社してくるのですから社員はみんな超優秀な人ばかり。研修生とは待遇がまるで違います。

女子社員たちも「ここで結婚したら安泰」とばかりに、そんな優秀なエリート社員を捕まえようと虎視眈々と狙っています。同じ社内にはいても、研修生の私たちなど鼻も引っかけてもらえず、なんとなく見下されているような気さえしてきます。

「なんだかんだいっても学歴だよな」

学歴勝負では完全に勝ち目のない私ですが、営業マンとしての実績では負けていません。

「負けるもんか！　見返してやりたい！」

研修生時代の私はその一心で無心に営業しました。

「数字が人格」

證券営業マン時代に言われた言葉を忘れません。

営業という仕事は数字がすべて。我々営業マンは数字を上げることによって、まわりからの対応がまったく違ってくるのです。

「数字を上げて見返してやりたい！」

こっちは叩き上げで鍛えてきた営業マン。飛びこんでは追い返され、また飛びこんでは水をかけられ、またまた飛びこんでは犬に吠えられ、そうやって地を這うようにしてここまでやってきたのです。すべてに恵まれたエリート社員とは覚悟と根性が違います。

「とにかく数字だ！　トップになってやる！」

ライバル意識剥き出し、見返してやりたい一心で毎日毎日飛びこみ続けました。

証券営業マン時代もそうでしたが、一度上手く回り始めると順調に契約が取れるもの。おそらくそれまでに撒いた種が実を結びだすのでしょう。研修生1年目から私は同期でトップの成績を収めるようになっていました。

最初のうちは研修生になりたての私を見下した感じだった社員たちも次第に変わっていきました。社内に張り出される売上グラフは常に一番。天井までグンと伸びた棒グラフを目にした社員たちは皆一様に感心したように言いました。

「安藤さん、本当に凄いですね！」

さすがにそれだけの成績を上げている私のことを「こいつは違う」と一目置くようになったのか、私を見るまわりの目も変わりました。

数字が上がれば歩合が増えて自分自身の生活も安定します。でもそれ以上に私の中には

「認められたい」という承認欲求がありました。子供の頃から「人に認められたい」「凄いと思われたい」という気持ちが常にあるのです。それが私の原点。

そのためには休むことなく数字を上げ続けるしかありません。営業マンとして認められるためには、とにかく契約を取っていくしかないのです。

駅の売店にも飛びこみ営業

保険会社では半年に1回ぐらいのペースで〝キャンペーン〟を張ります。キャンペーン期間の成績を研修生同士で競わせるのです。特に盛り上がるのが年度末の3月末に向けたキャンペーン。会社側も決算に向けた最後の締めでなんとしてでも数字を上げたいのです。

「皆さん、ノルマ達成！　トップ目指して頑張ってください!!」

2月から3月末日までの2カ月間、研修生たちの間では毎日のように壮絶な戦いが繰り広げられます。キャンペーン期間は誰もがギアを普段より数段上げて営業に力を入れます。私も1日100軒どころではなく、わけがわからなくなるぐらいに飛びこみます。新規開拓の飛びこみと既存顧客への営業をノンストップでやり続けるのです。

営業モードに入っているときの私は常にアンテナを張り巡らせています。特にキャンペーン期間中は営業モードがこれ以上ないほど上がりきっているので一日中意識が集中して張りつめています。スポーツ選手でいう〝ゾーン〟に入ったように、売れる可能性があるなら誰にでも営業をかける意気ごみで飛び回っているのです。「そこに家があるから飛びこむ」は私のモットーですが、キャンペーン期間中は「そこに人がいれば飛びこむ」。もう自分でも何が何だかわからないほど次から次に営業して回ります。あるときは個人宅、またあるときは会社、そしてあるときは駅の売店にも飛びこみました。

支店近くの不動前駅の売店。営業途中に立ち寄った駅の売店でも営業しました。

「いいお天気ですね〜」

ガムを買うついでに店員さんにそう話しかけると、

「いいお天気よね〜！　お仕事？」

見るからに〝人の良さそうなおかあさん〟といった感じの店員さんは愛想良く返してくれました。

「ええ、仕事で営業回りしてるんですよ」

「営業って大変そうね〜。何の営業してるの？」

「東京海上って知ってますか？　ボクはそこで保険の営業してるんですよ」

「へえ〜、そうなの」

「ところで保険はどんな保険に入ってらっしゃいますか？」

「死んだときの保険とかかしらね。どんな保険扱ってるの？」

「自動車保険とか傷害保険とか。掛け捨てじゃない〝積み立て式〟の傷害保険とか」

「積み立て?」

〝積み立て〟の言葉におばさん店員がピクッと反応したのを安藤アンテナは見逃しません。

この瞬間から完全に営業モード全開でゾーンに入ります。

「ケガしたときの保障も欲しい。でもお金も欲しい。掛け捨てじゃなくて積み立ての保険でお金も増えるのがありますよ」

「え、そんな保険があるの?」

「保険と積み立てがセットになってます」

「どんな保険なの?」

「今なら金利のいいのがありますよ」

「いいわね、それ。ちょっと教えてよ」

商談成立。契約は翌日、駅の売店で。契約金を現金でお預かりして契約書を書いてもらって契約成立。結局このとき、本人、旦那さん、子供さん、それぞれ100万円ずつ、計300万円の積み立て傷害保険に入っていただきました。

「チャンスがあればいつでも飛びこむ」

常にアンテナを張り巡らせてチャンスを見逃さないのが私のモットー。

チャンスと思えば駅の売店にも飛びこむ。それが安藤流営業スタイルです。

最大のライバルとの熾烈なデッドヒート

研修生時代、私にはライバルがいました。最大のライバル〝福地くん〟。

彼と私は抜いたり抜かれたり、常に研修生でトップの成績を競っていました。

年は私より2才ほど下で、当時まだ30ぐらい。研修生になったのは私より8カ月後。

埼玉県出身の彼は、6大学の明治大学の体育会系出身で「前へ前へ」がポリシー。もっとも営業スタイルは前へ前への猪突猛進タイプではなく、スマートな頭脳派。体を張った飛びこみでガムシャラに新規開拓していく私とは逆のタイプ。長身でスラッとしていて、髪もきっちり七三に分け、ビシッと決まったビジネススーツに身を包み、見た目からしてスマートないい男でした。

彼は私とはまったく別のやり方で新規顧客を開拓していました。それが紹介営業。頭脳派でやり手の彼は社内で人間関係を上手に作り、その人脈を使って顧客を紹介してもらう仕組みを作りだしたのです。どうやって紹介ルートを構築したのかわかりませんが、東京海上本社に来る法人を掴むのが抜群に上手く、たびたび大口契約をものにしていました。

福地くんとはときに2人で、ときに研修生何人かで、仕事終わりに飲みに行ったりもしました。そういった席では営業について語り合ったりもします。

私の営業スタイルは飛びこみですから誰が見てもわかりますが、福地くんの営業スタイルは〝紹介メイン〟以外はよくわかりません。頭脳派の彼がどうやって人脈を作っているのか気になった私は酔っぱらった勢いで聞いたことがあります。

「どうやって人脈作るの？」

「それはまあいいじゃないですか……エヘヘ」

笑って誤魔化されました。

「そんなことより歌いましょうよ！」

気が合う研修生同士で飲みに行くと、みんなでカラオケで騒いだりもしました。営業では成績を競い合うライバルでも、いざ仕事を離れれば気の合う仲間。日頃の営業で溜まったストレスを吐き出すかのように飲んで歌って盛り上がることもありました。

なにしろ子供の頃からみんなの前で歌うのが大好きな私ですから、そうなると止まりません。昔取った杵柄で郷ひろみ、西城秀樹といったかつての男性アイドルの歌をノリノリで歌って踊って披露します。調子に乗りやすい私はついついハメを外しすぎてマイクを壊して店から怒られたこともありました。

しかし、いざ営業となれば真剣です。私は常に福地くんと2人、研修生でトップの成績を突っ走っていました。〝飛びこみの安藤〟〝紹介の福地〟と営業スタイルは違うものの、毎回キャンペーンのたびにいつもトップを競い合っているのは私と彼。

「負けるもんか！」

「絶対に勝つ！」

口には出しませんが、ライバル同士お互いにバチバチに火花を散らして競い合います。

私と福地くんのライバル対決は、他の研修生たちからも注目されるほど。

「今日は安藤が抜いた」と思えば、「今度は福地が抜き返したぞ」と、一日が終わり売上グラフの棒の長さが変わるたびに、どこからともなくそうした声が上がります。

あれは研修生3年目の3月末に向けたキャンペーン。私が研修生として臨む最後のキャンペーンです。このときも私と福地くんはしのぎを削っていました。

「絶対にトップを取ってやる！」

お互いに負けず嫌いな性格。期末の3月31日に向かって突っ走ります。このときも抜いたり抜かれたり、トップを巡って凄まじいデッドヒートを繰り広げていました。

彼が凄いのは私が売上を上げて差をつけても、それをまた超えてくるところ。「これでどうだ」とばかりに契約を取ってきても、彼もまたどこからか大口の法人契約を取ってくる。キャンペーンの成績は契約件数ではなくて契約金額が勝負。法人に強い福地くんは1件の契約金額が大きいので、契約件数では私が上回っていても、1件大口が入るとすぐに金額で追い抜かれてしまいます。一体どうやってそれだけの成績を常に上げているのか、それが〝研修生の七不思議〟でした。

「飛びこみじゃ、あんちゃんに敵わないからね」

そう言って私に敬意を表する福地くんですが、いざ自分の営業ルートについての話になると決して明かそうとはしません。噂では「実家が金持ちで会社を経営していて、その実家の会社の紹介で、取引先や下請け企業を開拓して法人契約に結びつけている」なんて話もありましたが、そうだとしても彼ほど売れる人はいません。福地くんが営業に長けている優秀な営業マンだということに変わりはないのです。

キャンペーンに参加している150人ほどいる研修生の中で、圧倒的に2人の成績がずば抜けていました。壁の棒グラフも2人だけ天井まで届きそうなほど伸びています。2人とも毎日売上を伸ばし、最後の最後までどちらが勝つのかまったくわからない状況。

「絶対に負けない！　トップを取る！」

普段は仲が良くてもキャンペーン期間中は別。はたから見ても2人の間でバチバチ火花が飛び散っているのがわかるほど。

そしていよいよ運命の3月31日、キャンペーン最終日。

この日午後5時までに取った契約金額で勝敗が決まります。

この時点でトップは福地くん。私も必死で飛びこみ開拓したのですが、法人営業がメインの彼のほうが大口が多い分、私をわずかにリードしていました。

時刻はすでに4時50分。締め切りまであと10分。この時点でリードを許しているとなると、私の負けはほぼ確定したも同然。逆転は絶望的な状況です。勝利を確信したように福地くんは微かに余裕の笑みを浮かべています。

「あと5分か」

しかし私には秘策がありました。福地くんを出し抜く秘策が。

「いったん抜いても、必ずあいつに抜き返される。どうすればいいんだ？」

そこで私は必勝を期して、ある策を思いついたのです。

「これで行こう！」

ライバルを出し抜くために練りに練った秘策。

それは……

「残り3分、よし！　今だ!!」

契約書を締め切り寸前にまとめて提出する作戦。

通常営業マンはその日に取った契約書はすぐに提出するのですが、私はそうせずに手元に隠し持っていたのです。そうして溜めこんだ契約書を締め切り間際にまとめて一気に提出する。その作戦で最大のライバルを出し抜いてやろうと計画したのです。

野球でいえば隠し玉。営業でいえば〝隠し契約書〟。この秘策で敵の油断を突いて一気に逆転を狙いました。

「これ、お願いします！」

キャンペーン終了3分前、隠し持っていた契約書をまとめて提出すると、それまで余裕の笑みを浮かべていた福地くんの表情が一変しました。一瞬何が起きたのかわからないという表情で私のことを見たのです。

「え、え？　ええ〜ウソだろ⁉」

私の作戦に気づいたときには後の祭り。もう時間切れ。

「ずるいよ、それは」

恨めしそうに私を見る福地くん。

「あんちゃんにはやられたよ」

隠し玉作戦は見事成功。私は最大のライバルを出し抜いて、研修生最後のキャンペーンでトップを獲得したのです。

ライバルであり友人。お互いに尊重し、尊敬し合う関係。私一人だけだったら、そこまで売上も伸びなかったでしょう。ライバルの存在が刺激となり、お互いに切磋琢磨し、高め合うことができたのです。

彼とはいまだに交流がありますが、彼もまた私の後に独立し、今では社員を20人ほど抱える代理店の代表として営業の第一線で活躍しています。

研修生時代にもし彼と出会っていなかったら、今の私はいないかもしれません。彼がいたから私も成長できた。今の私がいるのも彼のおかげ。私は今でも彼に感謝しています。

初めての離島営業

東京海上には住宅金融公庫から〝満期情報〟を知らせるハガキが届きます。

ご存じのように家を買ったり建てたりした際には火災保険に入ります。住宅金融公庫で住宅資金を借りた場合には住宅金融公庫が扱っている各保険会社の長期火災保険に入るのですが、その保険が満期を迎えると必ず更新しなければなりません。その満期を迎えて更新が必要な顧客情報を知らせるハガキが、東京海上や安田火災などの大手損保会社に２カ月に１回程度の頻度で送られてくるのです。

１００枚ぐらい送られてくるハガキは宝の山。なにしろどれも契約更新する必要がある満期の顧客ばかり。営業に行けば契約を取れる可能性は大。10軒に3軒は少なくとも契約がもらえるのですから、これほどウマい話はありません。

「ハガキが来たぞ！」

ハガキが届くとみんなで取り合いです。バーゲンセールに群がる主婦のように、我先にと研修生が一斉にハガキのところにバーッと群がって奪い合いになります。

「こっちのほうがいい」

「もっといいのないの？」

「ずるいな、お前、そんなの取って」

しかもできれば条件がいいほうがいい。田園調布とか世田谷区とか、富裕層の地域が欲しい。火災保険や地震保険はその家の評価価値などによって金額が異なり、富裕層の住宅だと年間保険料が10万円以上になることがあります。当時研修生の目指す新規獲得金額は「月100万円」が目標。だからみんな、条件がいいハガキを欲しがるのです。

「ハガキが来たぞ～！」

その日もいつものようにハガキに群がって奪い合うように争っていると、その中から弾かれたように1枚のハガキがひらひらと飛んできました。

「あれ？　こんなところにもハガキがあるぞ」

そのハガキに気づいた私が拾いあげて、書かれていた情報を見てみると、

『伊豆大島』

そう書かれていました。

「みんな、伊豆大島あるよ～」

みんなハガキが飛んだことなど気にも留めていません。我を忘れて条件のいいハガキを取ることに夢中で、私が声を張り上げて知らせても誰も興味を示しません。

「伊豆大島のハガキあるけどいらないの～」

「いらねーよ！」

「行くわけねーじゃねーか！」

「お前が行けよ！」

わざわざ伊豆大島まで営業に行こうという物好きはいません。

「じゃあオレ行ってくるわ」

私以外には。

こうしてひょんなことから私は伊豆大島に営業に行くことになったのです。

「もしもし、東京海上の安藤でございます」

ハガキに書いてある電話番号にかけて、まずはご挨拶したところ、

「はぁ～あんた誰？」

突然知らない相手からかかってきた電話に不審そうな声。

「住宅金融公庫の火災保険の更新の件でお電話差し上げました」

営業では相手との距離感を縮めることが大事です。相手に親近感を感じてもらうことで信頼関係が構築されていきます。そのためには軽い雑談も必要。雑談で場をほぐしておいてから本題の営業トークに入るほうが、相手との親近感ができていてスムーズに保険の話に入れます。

このときも私は電話しながらも頭の中で「何かいい話題がないか」と探していました。

そこで思いついたのが〝伊勢海老漁解禁〟。11月だったこともあり、ちょうど伊勢海老

漁が解禁になったニュースを見たところでした。

「あ、そういえば伊勢海老解禁ですね。ニュースで見ました」

「はぁ？」

伊豆大島と聞いて、相手はてっきり漁師だとばかり思った私は、

「どうですか、今年は獲れてますか？」

「何言ってんだ、あんた」

「大島だと、いっぱい伊勢海老が獲れるんでしょうね〜」

「知らね〜よ」

「どうですか、今年は大漁ですか？」

「俺は大工だよ」

「そうですか、お大工様ですか」

……自分でも何言ってるかわかりません。

「一度お伺いしてもよろしいでしょうか？」

「よくわかんねーけど、いいよ、来てみろよ」

とにもかくにも伊豆七島の大島に営業に行くことになりました。

竹芝桟橋から夜10時発の夜行フェリーに乗って8時間。初めて来た伊豆大島。

海風に当たり潮の香りを吸いこむと、どことなく沖縄にいたときのことを思い出します。

「あれからもう3年かぁ。早いもんだなぁ」

思い起こせば3年前、沖縄での天国のような布団セールスを捨てて、決意も新たに損保営業マンとして一旗揚げようと東京に戻ってきた当時を思い出します。

「よし、やるぞ！」

大島での初営業は無事成功。電話した大工さんからは契約をいただきました。とはいえ10万円の契約でも実入りは1万円程度。フェリー代を考えれば赤字同然です。

「わざわざ伊豆大島まで来て赤字じゃ帰れないぞ。せっかく来たのに1軒だけじゃもったいない。遊びに来たわけじゃないんだから」

そうなると、やることは一つ。

「さあ、飛びこむぞ！」

初めてきた伊豆大島で飛びこみ営業開始。

安藤の鉄則通り、選り好みせずに直球勝負。手当たり次第に飛びこんでいきます。

「こんにちは〜！　東京海上の安藤と申します」

「誰あんた？」「何の用？」「帰ってくれる」

断られて当然。落ちこみ3秒で次々に飛びこんでは次々に断られます。

「自動車保険には入られてますか？」

島では自動車事故が滅多に起きないので、皆さん自動車保険に入っていません。自賠責

保険は強制加入なので全員入りますが、任意の保険となると手続きが面倒なので当時は加入率が3割程度でした。そんなところにタイミング良く自動車保険の営業で私が飛びこんできたのです。

「ちょうどいいや。いい機会だから、じゃあ入っとこうかね」

何度断られても諦めずに飛びこみ続けたところ、保険に入っていただける方が出てきました。結局この日、全部で80万円ほどの契約をいただき、フェリー代の元を取るどころか、大幅な黒字で帰ることができたのです。

「1回でこれだけ契約が取れたんだから、もっとニーズがあるはず」

初めての大島営業で味をしめた私は大胆なことを思いつきました。

「大島だけじゃなくて、伊豆七島全部回って飛びこんでみよう」

確かに離島営業は大変だし、時間効率も悪い。でもだからこそ行く価値がある。誰も行かないからこそ、ニーズがある。

「そこに島があるから飛びこむ」

誰も行かないからこそ、私が行くのです。

大島、利島、新島、神津島、三宅島、御蔵島、八丈島、それに式根島。

「伊豆七島全島制覇してやる!」

これをきっかけに私は伊豆七島を営業して回るようになりました。

幸運を呼んだ1枚のハガキ

拾った1枚のハガキがきっかけで伊豆七島行脚を始めた私は、折につけ離島営業して回りました。個人宅も飛びこむし、会社も飛びこむ。選り好みをしないで飛びこむ〝安藤流スタイル〟を離島営業でも貫きました。知り合いの紹介で営業に来たならともかく、誰一人として顧客がいない島を営業で回るのですから断られて当然。

「よそ者が何やってんだ！　帰れー！」

島特有の〝よそ者を受け入れない〟扱いで追い返されたことも何度もあります。

「何しに来たんだ、お前？」

「保険の営業に」

「いらんいらん」

「自動車保険はお入りですか？」

「入ってねーよ、そんなもん」

「この機会にいかがでしょう」

「どっから来たんだ、お前」

「東京からです」

「ここはよそ者が来るような場所じゃねーんだよ！　二度と来るな、八丈島に!!」

怒鳴られて追い返されたことはしょっちゅう。さすがの私も取り付く島もないほど怒鳴られてはモチベーションが下がります。

「またダメか……」

しかしいつまでも落ちこんでなどいられません。ここで飛びこまなくては、何のために時間とお金を使ってまで離島に来たのかわからないのですから。

「よし、次行くぞ！」

〝落ちこみ5秒〟で立ち直り、すぐにまた飛びこみます。

「島はいいな～」

東京での営業は都会のジャングルを生き抜くサバイバルのよう。でも島の営業は自然の中に家があり会社があり、沖縄時代が思い出されて、たとえ断られたとしても飛びこむこと自体で癒されます。

「やっぱりオレは飛びこむのが好きなんだなあ」

飛びこみ営業で癒される営業マンなど滅多にいないでしょう。どうやら私は根っからの飛びこみ好き。よほど性に合っているのでしょう。

諦めずに離島営業を続けたことで次第に成果が上がり始めました。当時は三宅島や大島三原山の噴火があったということもあり、地震保険に加入する方が多くいました。地震保険の中には噴火、津波の損害保険も入っているのでニーズがマッチしたのです。

「もっと効率良く契約を取る方法はないものかな?」

何度か伊豆七島に通ううちにそう考えるようになりました。島に滞在して営業できる時間は限られているのです。どうせならできるだけ効率良く営業したい。

「ん? 何か建設会社が多いよな」

あるときそのことに気づいた私は、ある策を思いつきました。

当時、浜松町に「伊豆七島建設業組合」という組織がありました。そこにお願いして、組合に加盟している「建設会社の名簿」を手に入れようと考えたのです。名簿が手に入れば、島に行ってからいちいち建設会社を探して歩く手間が省けます。事前に電話してアポを取り、そのうえで営業に出向けば効率良く契約が取れるのです。

実は建設会社には労働災害保険のニーズがあります。建設会社の仕事には公共工事がありますが、伊豆七島の建設会社は東京都からの経営審査を受けて、そのポイントが高いほうが都から公共工事の仕事を出してもらえる率が高くなるのです。その経営審査のポイントを上げる方法が労災です。

建設会社の仕事は危険と隣り合わせ。現場で何かあって作業員が怪我をしたり、万が一亡くなったりしたときのために労災に入るのですが、どの会社でも加入している政府労災だけでは経営審査のポイントは上がりません。政府労災に加えて民間の労働災害総合保険

を上乗せして加入すると経営審査のポイントが高くなり、入札の際に都からの指名を受けやすくなります。そこを突いて労災を売ろうと考えたのです。

「会員名簿を見せていただけませんでしょうか？」

「ダメだよ。名簿なんて見せられるわけないでしょうが」

当初組合長はなかなか首を縦に振ってくれませんでした。東京海上の名前は知られていても、そう簡単に組合員の名簿を貸してはくれません。今ほどコンプライアンスが厳しくなかったとはいえ、会員名簿は組合にとって大事な内部資料。逆にいえば貴重な資料だからこそ営業マンにとっては喉から手が出るほど欲しいのです。

「なんとかお願いできませんでしょうか」

それでも粘り強く足を運び、熱心にお願いしたところ、次第に組合長さんの頑なな姿勢も崩れ、最終的には名簿を手に入れることができました。

この名簿作戦のおかげで効率良く法人契約を取れるようになった私は、飛びこみと名簿の両輪をフル回転させて、伊豆七島を新規開拓していきました。

拾った1枚のハガキ。その1枚のハガキが思わぬ幸運を呼びました。

それまで誰もやりたがらなかった離島営業。その離島営業に安藤流の体を張った飛びこみ営業精神でチャンレジした結果、伊豆七島すべての島で新規開拓に成功し、伊豆七島全制覇したのです。

1%の可能性に賭けて

伊豆七島に営業に行くには、前日の夜に竹芝桟橋から大型フェリーに乗らないといけません。飛行機も飛んでいますが、観光で行くならともかく営業の仕事で行く私のような人間は経費を安く抑えるために、運賃が安いフェリーの2等船室で他の乗客と一緒に雑魚寝です。

大型の船ですからそれほど揺れが気にならないのですが、冬場だけは冬型低気圧の関係で海が荒れます。いくら大型フェリーとはいえ、低気圧で荒れた海の高波をまともに受けてはたまりません。立っていられないほどのもの凄い揺れに気持ち悪くなってきます。なんとか寝ようとしても、2等の雑魚寝で知らないお客さんたちに混じってではなかなか寝つけません。

それでも島に渡るのはお客様が待っているから。契約更新もあるし、新規開拓もある。保険営業の世界は弱肉強食。満期管理で契約更新していただくためには、誠意をもってお客様をフォローする必要があります。

〝フェイス・トゥ・フェイス〟が私のスタイル。お客様のところになんとしても顔を出したい。たとえ電話で済むことでも、書類を送ればいいことでも、お客様のもとへ足を運ん

で顔を合わせて言葉を交わす。直接会うことで信頼関係が深まっていくのです。

その夜も私は新島行のフェリーに乗っていました。

夜10時半発、新島着朝7時予定。

どんなに天候不良で海が荒れていようとも、お客様が待つ島に渡らなければいけない。船が欠航しない限り、何があろうと船に乗らないといけないのです。たとえそれが無駄な努力に終わったとしても。

「低気圧が来てるから接岸できないかもしれません」

出港はしても波が高いと島に接岸できないことがあります。この日も乗船前に係員から知らされていました。それでもお客様に会いたい一心で覚悟を決めて乗船します。

「お客さんが私を待っている。だから乗ろう」

悪天候で接岸できないかもしれない。それでも万が一に賭けて船に乗るのです。

「乗客の皆様にお知らせします。本船は悪天候のため新島前浜港に接岸することができません」

次の日の朝、船内アナウンスが無常にも流れ、新島接岸を諦めたフェリーはそのまま竹芝桟橋に引き返すことになりました。万が一に賭けた私の願いは、無残にも海の藻屑と消え去りました。

「ああ、お客さんに会えないのか……」

夜通し8時間半もかけて新島まで行ったのに、目の前の島にいるお客様の顔も見ずに帰るのです。これほど悔しい思いはありません。

夜10時半に竹芝桟橋を出航してから24時間、一度も船を降りることなく丸一日乗りっぱなし。その間ずっともの凄い揺れで気持ち悪くて何もできません。食べることも飲むこともできず、ただじっとしているだけ。降りてからもしばらくグラグラ揺れて、いつまでも船に乗ってるような気分になります。

「乗らなければよかった……」

そう思ったことが何十回あることか。

それでも可能性がある限り、お客様に会いに行くのです。

どんなに厳しい状況だろうと、99％ダメだとわかっていても、残り1％の可能性に賭けて会いに行く。

それが営業マンとしての私の使命。

それが安藤流の営業スタイル。

「そこにお客様がいるから会いに行く」

いつだって私はお客様に会いに行くことを諦めません。

そこにお客様が待っていてくださる限り。

ミッションインポッシブル営業

伊豆七島全島を回り、各島にお客様を持つようになった私は「できるだけ効率良く営業したい」と考えるようになりました。せっかく離島まで行くのですから1島だけで用事を済ませて帰ってきてはもったいない。できる限り多くの島を回って、顧客フォローに努めたい。もちろん新規開拓の飛びこみもしたい。そのためにはどうしたらいいのか。

そこで考え出したのが〝ヘリコプター移動〟。伊豆七島の各島の間には、それぞれの島を結ぶフェリーも定期運行していますが、フェリーで移動していてはどうしても時間がかかってしまいます。その点ヘリで移動すれば時間は大幅に短縮されて効率良く移動できる。たとえば八丈島から御蔵島までフェリーだと約3時間かかるところ、ヘリだとたったの25分。時間効率を考えれば断然ヘリで移動したほうがいい。

伊豆七島には各島を結ぶ定期運行ヘリが飛んでいます。定期ヘリなら金額も手頃なうえ、発着時間が決まっているので島内で営業する時間も計算しやすい。

たとえば三宅島～御蔵島～八丈島と3島回るときには、まず三宅島まで行き営業。三宅島からヘリで御蔵島まで10分で移動して御蔵島で営業。御蔵島から八丈島までヘリで25分で移動してまた営業。帰りの時間まで顧客フォローと新規飛びこみをして、時間になったら八丈島から飛行機で羽田まで。

「なんだか００７になったような気分だな」

ヘリを乗り継いでの営業は、まるで映画に出てくるスパイのような気分です。

伊豆七島には観光客でもめったに行かないような離れ小島もあります。八丈島からさらに南、81㎞の地点に位置する青ヶ島。その青ヶ島にも営業に行きました。

相手は新規のお客様。別のお客様からの紹介で、５００万円の大口法人契約をいただけるとのことで、文字通り青ヶ島まで飛んで行きました。

八丈島から青ヶ島まではフェリーも出ていますが、移動に3時間かかります。それがヘリだとわずか20分。問題は1日1便、1往復しか運行していないこと。乗ってきたヘリがそのまま戻って1往復するだけなので、普通に考えればヘリを降りたら青ヶ島で1泊するしかありません。しかし私はその日に東京で別の契約があって、どうしてもその日のうちに東京に帰らなければいけなかったのです。

「なんとかその日に帰る方法はないものか？」

普通に考えれば不可能。不可能を可能にするにはどうしたらいいのか。

まさに〝ミッションインポッシブル〟。

「ん？　ひょっとして、これならいけるかも」

必死に頭を捻ったところ、ひとつのアイデアが浮かびました。

「そうか！　この方法でいけばその日のうちに帰れるぞ」

私が考えた作戦はこうです。

八丈島ヘリポート発「9：55」のヘリに乗って青ヶ島まで行き（10：15着）、そこでお客様からお金を預かり500万を数えて確認し、さらに契約書に印鑑を押してもらい、そのまま帰りのヘリに乗りこみ（10：20発）八丈島に帰ってくる。

つまり行きのヘリが到着して乗客が降り、今度は帰りの乗客を乗せている間の乗り換えの時間に、契約を済ませてしまおうという作戦です。

その間わずか5分。この5分間に500万の現金を数えて確認し、契約書に印鑑を押してもらう。どう考えても無謀な計画で、不可能なミッションに挑戦するスパイのよう。

「やるしかない！」

先方には事前に電話でアポを取り、「ヘリポートの待合室で待機しておいてください」と約束してあります。

朝8時半発の全日空で羽田から飛んで八丈島へ。八丈島発9：55のヘリに乗りこみ、予定通りに10：15分青ヶ島着。急いでヘリを降りて待合室に行くと、約束通り先方の担当者が待っていてくれました。

「はじめまして。安藤です。よろしくお願いいたします」

挨拶もそこそこに契約金の500万円を預かり数えます。1束100万円の帯付の札束が5つ。それを1束ずつバーッと数えていきます。もともと證券マンだったこともあり、現金を数えるのは慣れています。證券マン時代は1億円以上の現金をその場で数えることもあったのですから500万円を数えるのにさほど時間はかかりません。

「確かに500万円お預かりします」

次に契約書をさっと出し、

「こちらに押印お願いします」

契約書の必要箇所に印鑑を押してもらうと、

「ご契約ありがとうございます。今後ともよろしくお願いいたします」

それだけ伝えて、

「じゃあさようなら！」

ろくに話も交わさず、すぐに取って返して帰りのヘリに乗りこみ八丈島へ。

そのまま休む間もなく八丈島から飛行機で羽田に帰ってきました。

分刻みどころか秒刻み。見事に不可能なミッションをクリアし作戦は大成功。まるでスパイ並みの緻密な計画をやり遂げたのです。

普通の営業マンならこんな無茶な営業はやらないどころか考えもしないでしょう。私は普段から体を張って動き回るタイプなので、こうした無茶な営業も抵抗感がありません。

これも安藤流の飛びこみスタイルなのです。

こうして3年に及ぶ研修生時代が終わりました。

東京海上の研修生制度では「研修生は3年2カ月で独立」と決まっています。その間に自分の顧客を掴み、独立後は個人事業主の代理店として営業活動をスタートするのです。

保険業界は決して甘い世界ではありません。研修生時代にどれだけのお客様を獲得することができるか、独立できるかどうかはそこにかかっています。

お客様を獲得できなかった研修生は3年2カ月を待たずに志半ばにして去っていきます。私の同期100名のうち、最後まで生き残って独立までこぎつけたのは私を含めてわずか3名。97名の仲間たちが力及ばず無念の涙を飲みました。次々と仲間たちが脱落していく中で、厳しいサバイバルを生き抜いた者だけが晴れて代理店として独立できるのです。

1993年7月に研修生に採用された私は、3年2カ月後の1996年9月に研修生を終えました。

おかげさまで私はトップの成績を収めて独立することができました。


1996年11月1日——

36才で「安藤保険サービス」を創業。

個人事業主として代理店をスタートしたのです。

第4章 運命の出逢い

「エーアイエムサービス株式会社」

研修生を無事卒業し、「安藤保険サービス」として独立した代理店となりましたが、代理店といっても私一人で営業から顧客管理、経理、総務関係まですべてこなさなければいけません。

独立したばかりですからお金も回らず事務所を借りる余裕もありません。自宅として借りているホッタビルの402号室が自宅兼事務所。古びた1Kのアパートが新たな出発点となりました。

ありがたいことに生保と違って損保には更新があります。1年ごとに毎年毎年契約を更新する必要があるので、そこで売上が上がる仕組みになっています。火災保険、傷害保険、自動車保険、賠償責任保険……既存の顧客を持っていると更新のたびに手数料が入ってきます。しかし契約更新で売上が上がるとはいえ、我々の世界は増収増益が至上命令。そのためには紹介も含めて新規の顧客を常に開拓し続けないといけません。

そのうえ既存顧客も〝更改落ち〟があります。既存顧客の9割程度は契約更新していただけても、残りの10%は知り合いが保険営業を始めたとか、他の代理店の保険に変えるとか、担当者が気に入らないとか、そういった理由で契約更新せずに顧客から落ちるのです。

そうなると減った分の契約を新規で取ってきて埋めないといけません。

「今年は売上を伸ばせるだろうか」

その不安は常にあります。今でも絶えずつきまとっています。毎年毎年その戦いです。

保険業界は甘くない世界。私同様に満期を狙って契約切り替えをものにしようとする営業マンがたくさんいます。そのためにはお客様に対して小まめなフォローをしないといけません。

お客様との繋がりを作るために一緒に飲みに行って接待することもあります。特に私の場合は人間味を全面に打ち出してお客様との信頼関係を築くスタイル。その分お客様とのつき合いも重要になります。そもそも飲む席が好きということもありますが、お客様づき合いで使うお金も結構な額です。その分稼がないといけないのです。

「こんにちは！　安藤保険サービス代表の安藤です」

独立して代理店となってからも飛びこみは続けました。1日100軒とまではいいませんが、新規顧客を獲得するためには常に営業しないといけないのです。

飛びこみ営業と並行して既存のお客様のフォローも必要です。独立した時点で1000名ぐらいの顧客がいましたから、そちらのお客様のフォローもしっかりとしつつ新規獲得の営業もとなると、時間がいくらあっても足りません。「安藤保険サービス」をスタートして以来、私は個人代理店として、たった一人でがむしゃらに飛び回っていました。

そして個人代理店として独立して4年ほど経った頃、自分を高めようと参加したある研修会がきっかけで私は一つの決断をしました。

「安藤保険サービスを法人化して会社にしよう」

私の保険営業のポリシーは「守る」ことです。私の保険に入っていただいているお客様を全力で守ること。

たとえば事故などのトラブルがあったときには全力でサポート。コンサルティングでも全力でサポート。あらゆる場面でお客様が困らないようにお守りすること。

それが私のポリシー。

保険の入口は一緒でも問題は出口。出口でしっかりとした対応ができるかどうか。何か事故があったときに代理店の報告の仕方ひとつで保険金が1千万円出るか100万円しか出ないのか、対応次第でそれだけ違うケースもあります。

保険は誰から入っても同じではありません。代理店の能力によってまったく違う結果になることがあるのです。

お客様はいざというときのために保険に入ります。そのいざというときに最大限のお役に立ちたい。お役に立てる代理店でありたい。それが私の目指すところ。

すべては〝お客様のために〟。

お客様を守ることができないようでは代理店として失格です。

お客様からいただいた保険契約は安藤保険サービスに帰属しています。

でももし私が死んでしまったら……。

いつまでも個人事業のままでは、万が一私が死んだらお客様を守れません。一人で営業している私の代わりはいないのですから誰もお客様をお守りすることができなくなってしまいます。

それを解決するには法人化すること。ちゃんとした会社組織にすれば、もし私がいなくなっても会社として社員がお客様をお守りできる。

すべてはお客様を守るために。「今すぐやらなければいけない」と決断しました。

2000年11月1日、安藤保険サービスを始めてちょうど4年。私が40才のときです。

「エーアイエムサービス株式会社」設立。

「安藤保険サービス」から生まれ変わった「エーアイエムサービス株式会社」の代表として、私は新たな一歩を踏み出しました。

新しく会社を立ち上げるのです。いつまでも自宅兼事務所というわけにはいきません。

そうはいってもお金に余裕はありません。立地条件や家賃を考慮のうえ、自分で歩き回ってやっと探し出したのが五反田の雀荘あとの空き部屋。山手通り沿いの城南信用金庫本店の裏手にある木造2階建ての1軒屋。1階は文房具屋さんで、2階に入っていた雀荘が潰れてなくなった部屋が空いていました。家賃は1カ月10万円と格安。建物は古く、階

段もところどころささくれ立っていましたが贅沢は言っていられません。会社を始めたばかりの私にはピッタリの物件でした。

部屋の広さは雀卓が8卓ほど置ける広さがあり、事務所としては十分な広さです。そこにデスクを2台、電話を1台セット。仕切りを使って応接間も作り、ソファーも置きました。事務所としての機能はそれで十分です。

あとは社員。

まず必要なのは、私が営業で外回りしている間に電話を受けてくれる電話番。事務所に電話してもいつも留守では、会社としてお客様に信用していただけません。とはいえ、できるだけ人件費は安く抑えたい。電話番のためだけに社員を雇う余裕などありません。

「そうだ」と思いついたのが母親です。母親には会社設立の際に3人必要な役員にもなってもらっていました（……もう一人は母の妹）。

「電話番として来てもらおう」

半ば強引に無理を言って沖縄から出てきてもらいました。月10万の安い給料で。

「よし、ここからスタートだ！」

社員は私と母親の2人だけ。

それにデスク2個と電話1台。

そこから「エーアイエムサービス株式会社」が始まりました。

安藤博章を結婚させよう会

安藤保険サービスとして独立した頃から、経営者のための研修会にも積極的に参加するようになりました。

「あんちゃんも個人事業主として独立した経営者なんだから、今後のためにも研修を受けていろいろ勉強したほうがいいよ」

研修生時代に加入したＪＣ（青年会議所）の友達から誘われたのがきっかけで、社員教育など幅広い研修を行う研修会に通うようになったのです。

そしてそこで出会ったのが、後の妻となる洋子です。

あれは私がエーアイエムサービス株式会社を設立して3年、研修会に通いだして4年ほど経った、43才になる少し前のこと。

彼女はそのとき29才。私とは13才違いでした。

初めて彼女を見たのは管理者養成スクール研修。２００名ほどいる受講生の中に彼女はいました。

以前一度その研修を受講していた私はそのとき〝ディレクター〟という、受講生と講師の間に立ってフォローするアシスタントのような立場でした。

「あの子いいなあ」

どこにいても目立つほど目鼻立ちの整った美人で、軽くブラウンに染めた長く美しい髪、上品なうえに知性溢れる表情はまるで女優さんのよう。やや小柄な体によく似合う明るい色のカジュアルなワンピース姿の彼女は、思わず誰もが見とれてしまうほど。そこにいるだけで目を引くオーラがあり、200名いる研修生の中でもキラッと輝いて見えました。

彼女を見た瞬間、私の中に電流が走ったのです。

一目惚れでした。

「キレイな人だなあ。どこの誰だろう」

彼女の名前は〝才賀洋子〟さん。

お姉さんの経営するフレンチレストランで、自らも役員となり一緒に働いていました。東京と横浜で3店舗のレストランを運営しており、以前自分も研修会に参加したことがあるお姉さんの勧めで研修会に来ていたのです。

「ハキハキして明るい人だなあ」

研修会での様子から、彼女は社交的で明るい人だということがわかります。テキパキと要点を話す姿からは頭の良さが伝わってきます。

美人で頭が良くて社交的で明るい。まさに理想的なタイプの女性でした。

「なんとかあの子とお近づきになりたい」

そう願っても相手は受講生。教える側のディレクターという立場上、私からへたに声をかけるわけにはいきません。万が一何かあれば、研修会自体に迷惑をかけてしまいます。学生時代に街中でナンパするのとはわけが違うのです。

「何かいい方法はないものか？」

研修期間中ディレクターの仕事も手につかないほど必死に頭を絞って考えてみても妙案が浮かびません。

そうこうしているうちに半年に渡る研修スケジュールが終了。結局彼女と仲良くなる夢は叶いませんでした。

「ああ……もう一度彼女と会う方法はないものか？」

いくら考えてもどうにもいい案が浮かびません。

そんなときでした。

「あんちゃんのお見合いコンパをしよう！」

研修会でお世話になったディレクター仲間から声がかかりました。ディレクターとして研修会に参加している間に、研修会をサポートしているディレクターメンバーたちと仲良くなったことで、ちょくちょく飲みに行っていたのです。

そこで結成されたのが〝安藤博章を結婚させよう会〟。

当時すでに40を過ぎても独り身で彼女もいなかった私のことを心配して、仲良くなった

ディレクター仲間が冗談半分にそんな会を作ってくれていました。

管理者養成スクール研修が終わって少し経った頃、お見合いコンパのお呼びがかかりました。

男性は私を含めて3名、対する女性も3名。その中の1人が私の〝お見合い相手〟。

一応表向きは〝お見合いコンパ〟でも、要は私をダシに使った3対3の飲み会です。飲み会の場は好きでも、お見合いにはさほど関心がなかった私は、その日も何の期待もせずに会場となった店に顔を出しました。

「あっ!?」

するとなんと、そこに見覚えのある顔があったのです。

「あああ～!!」

そこにいたのは彼女。一目惚れして以来、ずっと頭から離れなかった彼女がなぜかいたのです。

「あんちゃんの席はここね」

幹事役に促されて、お見合い相手の前の席に座ったものの、心ここにあらず。目線はずっと彼女に釘付けのまま。

「こちら才賀さんね。この前の研修にも来てたけど、あんちゃん覚えてる? 一人急に来れなくなって、無理言って彼女に来てもらったんだよ」

これを〝ラッキー〟と言わずに何と言えばいいのでしょうか。

半年間の研修期間でお近づきになれなかった憧れの彼女が目の前にいるのです。こんなチャンスは二度と巡ってきません。もうお見合いなんてどうだっていい。なんとしても彼女と仲良くならねば。

「あの〜、私のこと覚えてますか？　この前の研修でディレクターしてたんですけど」

お酒も入って雰囲気がほぐれてきた頃合いを見計って、彼女にそう聞いてみます。

「スイマセン。全然覚えてないです」

「あ、そうですよね。覚えてませんよね〜、ハハハハ」

私のことなどまったく眼中になし。彼女は私のことなど米粒ほどの感心もありませんでした。一目惚れしたこちらの思いなど知る由もなく、これっぽっちも印象に残っていなかったのです。

「ここでなんとかしないと」

目の前のお見合い相手と会話しながらも、頭の中では……

「なんとか彼女と仲良くなれないものか」

必死に考えを巡らせます。

そんな私の思いなど爪の先ほども気づかない彼女は私以外の男2人と盛り上がっています。

「あれは2人とも彼女のこと狙ってるな」

彼女と話しているだけで男はみんな彼女のことを狙っているように思えてきます。私にとって男はみんなライバル、彼女のことを狙う狼に見えてしまうのです。

「なんとかきっかけを作らないと……」

焦る私の思いをよそに、お見合いコンパの時間だけが過ぎ、気がつくとお開きの時間になっていました。

「今日もダメか……」

落ちこんでいる場合ではありません。落ちこみ3秒で諦めないのが私の取り柄。

「せめて電話番号だけでも聞こう」

チャンスの女神が立ち去ってからでは遅いのです。今を逃してはもう二度と彼女に会えないかもしれません。

最後の最後、別れ際に思いきって聞いてみました。

「あの～、よかったら電話番号教えてくれませんか?」

決死の覚悟で絞り出した言葉に、彼女はあっさりと答えてくれました。

「嫌です」

キッパリ断られました。

最悪のスタート

お見合いコンパでの勝負に敗れた私は、それでも何か彼女とお近づきになる方法はないものか必死に探っていました。

営業も女性も、諦めない粘り強さが私の信条です。そのかいあって幸運が舞いこんできました。

「次に行われる〝業績アップ研修〟に彼女が参加する」

幸運の女神が微笑んでくれました。お見合いコンパの幹事役が「〝次の研修に参加するらしい〟ことを彼女から聞いた」と教えてくれたのです。

「オレも受講生で参加しよう」

彼女と一緒に受講生として参加することで仲良くなろうという魂胆です。とはいえ300名ほどの受講生がいる大規模な研修。彼女とお近づきになるためには同じグループになることが絶対条件。1グループ6名で1つのテーマについて研究する研修ですから、別々のグループになっては彼女と話す機会がないも同然。それでは研修会に申し込む意味がありません。私にとっては研修の内容など二の次、三の次、あくまでも目的は彼女と仲良くなるためなのですから。

「なんとか彼女と同じグループになる方法はないものか?」

必死に考えてもいい方法が思いつきません。

「これはもう奇跡が起きるのを信じるしかない!」

ここでも当たって砕けろの体当たり飛びこみ精神。運を天に任せて研修に参加することに決めました。

ところが初日からとんでもないミスを犯してしまったのです。


研修初日——。

「ヤバい! 遅刻だ」

あまりの緊張と興奮で昨晩なかなか眠れなかったせいか、ついつい寝坊してしまい、服装を整える間もなく家を飛び出したものの、あろうことか研修初日に遅刻してしまったのです。

研修開始時刻はとっくに過ぎている中、やっと研修会場に到着。気づかれないように会場のドアを静かに開けて入ると、研修生はすでにみんな決められた席に座り研修ガイダンスが始まっていました。

「あ、あそこだ」

研修生の中にいる彼女を見つけました。

「キレイだよな～ステキな子だな～」

思わず見とれてしまいます。

「いかんいかん」

見とれている場合ではありません。なにしろ研修生でただ一人の遅刻です。

「あれ？　彼女の隣の席が空いてるぞ」

見ると彼女の隣の席だけポッカリと空いています。

「ひょっとして……」

まさに奇跡！　幸運の女神が一度ならずも二度も微笑んでくれました。

彼女の隣の席、そこが私の席でした。奇跡的というべきか、運命というべきか、願い通りに彼女と同じグループになったのです。

「神様ありがとう！」

しかし喜んでいる場合ではありません。研修の初日に遅刻したのですから。

「どうもスイマセン」

邪魔をしないようにそろっと静かに入っていき、軽く会釈しながら座ると、隣の彼女の冷たい視線が刺さります。いかにも〝ナニこの人〟というような目でチラッと横目で見た後、私のことなど眼中にないかのように真っすぐ前を見て講師の話を聞いています。

「最悪だ……」

自ら犯した失態で、彼女の私に対する印象は最低。これ以上ない最悪なスタート。

しかしそんなことぐらいでめげる私ではありません。恋愛も営業も断られて当たり前、玉砕覚悟で体当たりの飛びこみ精神でぶつかっていくしかない。

「落ちこみ3秒、後悔2秒」

ここで諦めては研修に来た意味がありません。とにかく私にできることは目の前の彼女にアタックするのみ。

あの中学生のときに、自分の好きな子から「安藤くんのお兄さんのことが好き」と衝撃的な告白をされて以来、私は一度たりとも攻めの姿勢を忘れたことはないのです。

「積極的に攻めるぞ」

ここから私は彼女に猛烈なアタックを開始しました。

最初のデート

研修会でのテーマは「成功している企業から学ぼう」。

同じ業種の成功企業をいくつか訪問して、それぞれの企業の良い部分、違いなどをレポートして研修会の主旨である〝業績アップ〟のヒントを得ようというのが主な課題。

私たちのグループもいくつかの業種が割り当てられ、その中から2人1組になって企業訪問することになりました。

「この前はどうも。同じグループですね」

もちろん私は真っ先に彼女に声をかけました。企業訪問とはいえ、2人っきりになれるのです。この前の飲み会では電話番号を聞き出せなかったとはいえ、こんな絶好のチャンスを逃すわけにはいきません。

なにしろ誰もが認める美人なのです。私には研修会に参加している男全員が狼に見えて、みんなが彼女を狙っているような気がしていました。

「一緒に会社訪問しませんか？」

私の誘いかけに「え、何で？」と一瞬顔を曇らせた彼女ですが、研修会の課題でグループの誰かと一緒に行かないといけないのです。さすがにそこで「嫌です」とは言えません。

「わかりました。よろしくお願いします」

強引に了承を取りつけ、私の最初のアタックは成功しました。

そして企業訪問当日――。
私たちが担当するのはＣＭでもお馴染みの「オートバックス」と「イエローハット」。タイヤ交換やオイル交換などの自動車関連の商品やサービスを扱うこの2社を訪問して、それぞれ売れている要因や伸びている要因、優位性や課題点などをしっかり見て発表する

のが研修のテーマです。

研修とはいえ2人っきりで邪魔者はいません。私にとっては第一発目のデートのようなもの。朝から気合を入れて鏡を見ながらいつもよりビシッとネクタイを締めて、一張羅の濃紺のダブルのビジネススーツを着て、金のバックルが大きめの自慢のベルトを締め、髪もいつもより念入りに整えて待ち合わせ場所の中目黒に向かいました。

「今日は一日よろしくお願いします！」

いつも以上に爽やかに挨拶をキメると、比較的ラフな感じのする落ち着いた色のカジュアルなシャツとスカートに身を包んだ彼女の笑顔が眩しく輝いて見えます。

「こちらこそ、よろしくお願いします」

自信満々で臨んだこの日のデート……いえ、企業訪問ですが、私の自信とは裏腹に彼女の印象は最悪だったようです。

「見るからに〝おじさん〟って感じのダブルのスーツに太目のズボン。ベルトもおじさんがしそうな大きな四角い金のバックル。そのうえ履き古したようなすり減った靴で、どこからどう見ても〝おじさん〟だった」

彼女に言わせると、

「〝ええ〜?〟ってドン引きしちゃうようなセンス」

……だったそうです。

そう言われてみれば昔から自分でもなんとなく〝センスがない〟気がしてはいました。

高校時代は花の応援団みたいな学ランと寸胴ズボンにアイパーをキメて女の子に声かけて怖がられ、大学時代は当時人気だった青春ドラマの中村雅俊を気取ってロン毛に裾の広がったパンタロンスタイルのジーンズを履いてディスコに行って笑われ、JCの旅行で初めてハワイに行ったときには、みんながセンスのいいカジュアルなシャツスタイルにスーツケースで来る中、私一人だけ母親から借りた古い手提げバッグを下げて、派手な色の開襟シャツ。私を見たJCの友達から呆れたように「あんちゃん、何その恰好?」……と言われたことを思い出します。

「それじゃあ行きましょうか」

そんな彼女の私を見る目など気づくはずもない私は、自信たっぷりに彼女のことをスマートにエスコートしている気でいました。

その日のスケジュールは、午前中にオートバックスを訪問。昼食のあと、午後にイエローハットを訪問。

昼食はもちろん彼女と2人っきり。私の中では完全にデートモードです。

「彼女と何を話そうか?」

企業訪問をしていても心ここにあらず、頭ここにあらず。

「どこでお昼食べようかな?」

そんなことばかり頭の中をよぎります。

「お食事しましょうか」

……で、結局入ったのが何の変哲もない古びた喫茶店。ストレートにいえば小汚い喫茶店。しかも注文したのは、これまた何の捻りもないハンバーグセット。ハンバーグにエビフライ、目玉焼きが乗っているような、いかにも子供が好きそうなセット。一方の彼女はナポリタン。

「ナポリタンお好きなんですか?」

「ええ、まあ……それ以外食べられるものがないので……」

「ボクも高校時代にゲーム喫茶でよく食べてたんですよ」

「このお店もインベーダーゲームとかありそうな感じですもんねえ……」

「そういえばこの店、高校時代によく行ってたゲーム喫茶に似てるなあ」

「結構古いですよねえ……」

「ないのかな? 上手いんですよボク、インベーダーゲーム。いや〜ないのかなあ、お見せしたいな〜、ハハハハ」

なんとか話を盛り上げようと勝手に一人でしゃべっているものの、どこか話がかみ合わずにテンションが低めの彼女。

実はこのとき彼女は心の中でこう思っていたそうです。

「何でこのお店なの？　何でこんな古臭い喫茶店？」

いくら研修で来ているとはいえ、「もうちょっといい店があるでしょ」と。

なにせ彼女はフレンチレストランのジェネラルマネージャーです。そんな彼女と初めて一緒に食べる店が、味もそっけもない古びた喫茶店なのですから色気も何もあったもんじゃありません。

「もうちょっといい店にすればよかったかなあ……」

そう気づいても後の祭り。

いつもそうなのです。高校時代に女の子に声をかけていたときも、シャレた誘い文句ひとつ言えず断られ。30代のときに女性を口説こうと待ち合わせしてデートしたときも、普通ならイタリアンやフレンチといったこじゃれた店を予約するところ、立ち食い寿司屋に入って「何で？　しかも立ち食い？」と呆れられ。

そんな過去がありながらも、憧れの彼女と初めて2人で入ったのが、まるで昭和の時代に逆戻りしたかのような古びた小汚い喫茶店。

完全なミスです。

「オートバックスとイエローハットの違いは何でしょう？」

「どんな風に発表しましょうか？」

そんな私の気持ちなど露ほども知らない彼女は、真面目に研修について話してきます。

「ええっと……そうですねえ……」

一方の私といえば、目の前にいる彼女に見とれて何をしゃべっていいのか言葉が出てきません。

「ああ……あの～……」

ドキドキして何を話したのか覚えていないほど頭が真っ白になっていました。

唯一私が彼女に質問したのが、

「趣味は何ですか？」

たったこれだけ。

彼女の答えは、

「食べることが好きで食に興味があります。あとは海外旅行ですね」

やはり痛恨の選択ミス。もっとシャレた店を探しておくべきでした。

「あの～、安藤さん」

喫茶店を出てイエローハットに向かう最中、歩きながら彼女が私に話しかけてきました。

「ひとつお聞きしてもいいですか？」

「はい、何でしょう」

「過去におつき合いした人いるんですか？」

「ええ？」

「彼女とかいたことあるのかなあと思って」

「はぁ～!?」

突然予想もしていなかった質問が飛んできたことで慌てた私は、自分でも思ってもいないような言葉を口にしていました。

「そんなことあなたに関係ないじゃないですか」

あまりにも意表を突かれた質問に動揺してしまったのです。憧れの彼女にどう答えていいかわからずに思わず出た言葉がそれでした。

「なんだこの人！　感じ悪い」

彼女の印象はまたまた最悪。

彼女とすれば同じグループで半年間一緒に研修を受ける私のことが気になったようです。飲み会でも会ったけど、この人一体どういう人なんだろうと。

「年齢も40過ぎてるし、彼女もいそうもないし。ひょっとして今まで女性とつき合ったことないんじゃないの？　嫌だなあ……同じグループなのに変な人だったら」

そんな警戒心から聞いたのだとか。

その答えが「あなたに関係ないじゃないですか」ですから最低です。

仲良くなるどころか、ますます墓穴を掘っていました。

彼女の店に飛びこみアタック！

2人1組の企業訪問で仲良くなるはずが、どこでどう間違えたのか計算が狂ってしまい、1回目のアタックは無残にも砕け散りました。それでも諦めない私は形勢逆転すべく、持ち前の飛びこみ精神でさらなる猛烈なアタックを開始しました。

「いらっしゃいませ～」

横浜にある彼女のフレンチレストランカフェに何の前触れもなくお客さんとして飛びこみで訪ねて行ったのです。

「ちょっと近くまで来たから食べに来ました」

彼女がジェネラルマネージャーとしてフロアで接客も担当している店は、横浜ランドマークタワーの隣、みなとみらいにあるデパートの10階にありました。

30人～40人は入れるだろう広い店内はテーブル席のみで、白ベースで統一されている店内は清潔感があります。場所柄デパートのカフェのようなイメージのお店で、フレンチといっても堅苦しい雰囲気ではなくて家庭的。ランチタイムには主婦が気軽に入れるような気取ったところのない感じのいいお店です。値段も手頃で家庭的なフレンチながらも味付けはしっかりとした本格派。フレンチレストランなどめったに行かない私でも入りやすい、ラフ過ぎず堅苦しくもないリラックスしたムードのお店です。

「営業で来られたんですか？」

「ええまあ……」

〝あなたに会いたくて来た〟なんて言えるわけもなく、適当に誤魔化してみても、いかにも営業マン風のスーツを着たいいおっさんがテーブルに一人で座ってフレンチを食べているのです。まわりは家族連れやカップル、女性同士のお客さんが多い中でどうしたって浮いてしまいます。それでも気にせず、事あるごとに通いました。

「今日はジェネラルマネージャーの才賀さんはご出勤されてますか？」

「どなたですか？」

「井出です」

　彼女の店に行くときには、事前にお店に電話して彼女がいることを確認します。それも〝安藤〟だとバレないように偽名を使って。

「何時までいらっしゃるんですか？」

「ジェネラルマネージャーは今日は最後までだと思います」

　店のスタッフに彼女の出勤時間を確認してから、いざ出撃。アタック開始です。

「こんにちは。近くまで来たからまた寄ってみました」

　こちらはお客様ですから向こうも無下にはできません。かつて證券マン時代に商店街の

お店に食べに行って相手の懐に飛びこんで契約を取ったように、彼女に対しても〝フォーユー・フォーミー作戦〟です。

研修のときの堅苦しい彼女と違って、店の彼女は表情も柔らかくていつも微笑んでいます。フロア接客用の少しラフでオシャレな恰好も新鮮に映り、一段と輝いて見えます。

ときには一人で。ときには友達を連れて。そしてときには同じ研修グループの仲間と一緒に彼女の店に通いました。

研修グループの仲間で行くときには、彼女も一緒になってワインを飲んだり食事したり。これも私の作戦です。グループで仲良くなるところから徐々に徐々に接近していきました。

おそらく彼女も内心では「しつこく来るなあ」と思っていたかもしれません。それでも営業と同じで何度でも顔を出しました。

「また来たんですか？」

「また来ました」

研修期間は6カ月、その間に10回以上は通いました。それだけ何回も行けば、彼女も私の気持ちに気づいたはずです。それでも営業と一緒で最初は「うるさい」と思っても、何回も顔を合わせているうちに親近感は感じていくものです。

ただし営業と違ったのは、彼女の場合「また来たの？」が「何で来なかったの」になり「熱心だね」……とはなりませんでしたが。

勝負の告白

「そろそろキメよう」

ついに私は勝負に出ました。

いつまでも都合のいいお客さんでいるわけにはいきません。彼女に自分の気持ちをちゃんと伝えない限り、いつまで経っても何も始まらないのです。

問題は彼女に私の気持ちを伝える場所。彼女に会えるのは研修かお店か、どちらかしかありません。さすがに研修中に告白するわけにはいかないし、かといって彼女のお店で言うのも彼女に迷惑がかかるといけないので気が引けます。

「どうしようか……そうだ、あそこがいい」

私の頭に一つの場所がひらめきました。

告白に最適な場所、それは彼女のアパート。

以前にグループのみんなで食事したときに一度だけ送って行ったことがある大田区の雪が谷大塚にある、こじゃれたアパートの2階に彼女は住んでいました。

私の事務所のある五反田からは距離にして約7kmほど。夜中であれば車で20分もかからずに到着します。

「あそこなら誰にも邪魔されない」

お店が終わって彼女が帰ってくる時間を見計らって、彼女のアパートの前で待ち伏せして告白するのです。

ここからは直球勝負。面と向かってストレートに自分の気持ちを彼女にぶつけます。

「今日こそ、ちゃんと自分の気持ちを伝えよう」

店が終わって彼女が帰ってくるのは夜中の12時頃。その少し前に先回りして階段の裏に隠れて彼女の帰りをじっと待っていました。近くの住人に見つかって通報されないように階段の裏に姿を隠してじっと息を潜めて待つのです。

住宅街にある彼女のアパートのまわりは電灯こそあるもののうっすらとあたりを照らす程度で、薄暗い階段の裏に身を潜めていれば気づかれる心配はまずありません。今思えばほとんど不審者ですが、そのときの私はとにかく彼女に告白することで頭がいっぱいで、それ以外のことまで頭が回っていませんでした。

12時を少し回った頃、彼女がアパートに帰ってきました。

「よし、今だ！」

彼女の姿が見えた瞬間、階段の裏から飛び出した私は彼女の前に立ちました。

「つき合ってください！」

これ以上ないストレートな告白。

いまどき中学生でも言わないようなセリフです。

「お願いします！　私とつき合ってください‼」

「は、はい……⁉」

いくら顔見知りとはいえ、夜中に階段の裏から飛び出してきていきなり「つき合ってください」です。彼女も戸惑って当然。

「え、え……？？」

一瞬何が起きたのかわからない顔で驚いたように私を見ています。

「今度いつ会えますか？」

彼女もよく逃げ出さなかったものです。夜中の12時過ぎに階段の下で待ち伏せていた不審者が目の前に飛び出してきたのです。一歩間違えばストーカー。今なら通報されて捕まっても不思議ではありません。

でも当時の私はそんなことを考える余裕もありませんでした。ただ純粋に彼女に自分の気持ちを伝えたい、その思いだけ。

「つき合ってください！」

ようやく状況を把握した彼女は、自分の気持ちを確かめるように言いました。

「考えておきます」

この瞬間、彼女は私の〝見込み客〟になりました。

「考えておきます」の答えを聞いて手応えを感じました。私の長年の営業マンとしての勘がそう判断しました。

後はもう攻めるだけ。営業でいえば契約まで持ちこむだけです。

恋愛も営業も飛びこみ精神で〝前へ前へ〟。攻めの姿勢をなくしたら負けなのです。

「また今度お店に寄らせていただきます」

それからは以前にも増して彼女のお店に頻繁に顔を出すようになりました。

車で横浜まで行き、彼女の仕事終わりを待って彼女を乗せて家まで送って行く。

彼女も私の熱意に次第にほだされていったのでしょう。「考えておきます」以来、彼女から正式な回答はありませんでしたが、自然な流れでつき合うようになっていました。

当時車を持っていなかった私は、五反田の事務所近くのレンタカー屋さんで車を借りて横浜の彼女の店まで迎えに行き、仕事が終わった彼女を乗せて自宅まで送って行く。車はいつも一番安いコンパクトタイプのファミリーカー。わざわざレンタカーを借りてまでも彼女に会いたかったのです。

デートはコンパクトカーの狭い車内、そして車で彼女の自宅まで送る途中にあるファミレスで。

お互いに仕事がある忙しい身だけに、もっぱらデートは〝帰宅デート〟でした。

「オレのどこが良かったの？」

つき合い始めてしばらく経った頃、一度彼女に聞いたことがあります。

ちょっと考えてから彼女はこう答えてくれました。

「何で惹かれたんだろう？　たぶん真面目なところ。一途な真面目さ。とにかく一生懸命な人だから。あとは元気で明るいところかな。うるさいぐらいに声が大きいところ」

営業も女性も諦めずに粘り強くアプローチすれば道は開けるものです。

安藤流スタイルの飛びこみ精神が、最初は門前払いだった彼女の固く閉ざされた心の門をこじ開けたのです。

初めての夜

つき合うようになってからは、彼女が私の部屋にも来るようになりました。

整理整頓が苦手な私の部屋は、洋服や洗濯物、ビデオや雑誌といったものが出しっぱなしで床が見えないほど散らかっていましたが、彼女のおかげでみるみる綺麗になっていき、やっと人間が住めるようなまっとうな部屋になりました。

「少しはオシャレにも気をつけて欲しい」

服のセンスがまるでない私のために、彼女は会うたびにYシャツとネクタイをプレゼントしてくれました。

「あんちゃん、最近オシャレになったねえ」

彼女とつき合うようになってから友達からも褒められるようになりました。学生時代からずっと「ダサい」と思われてきた私のセンスを彼女が変えてくれたのです。

そして彼女が私の部屋に来るようになって何度目かの夜。

いよいよ初めてお泊りする日――。

「私、シャワー浴びてくるね」

少し恥ずかしそうに彼女はバスルームに消えてきました。

「ついに、ついに来た！」

一目惚れしたあの日から数えて何日経っているでしょう。

断られても諦めずに猛烈なアプローチを繰り返した末にようやく手にした彼女と、いよいよ初めて結ばれるときがやって来たのです。

「どうしよう？　どうすればいい？」

待ちに待った瞬間の訪れに、いても立ってもいられません。40を過ぎたいいおっさんが年甲斐もなく部屋の中をウロウロして落ち着きません。

「そうだ。音楽でもかけてムードを出そう」

部屋の明かりを薄暗くして、彼女がシャワーを浴びて出てきたところでムード満点の曲をかけて盛り上げるのです。

「これでバッチリだ」

私のお気に入りの曲をCDプレーヤーにセットして、彼女が出てくるタイミングを待ちます。

〝ガチャ〟

バスルームのドアを開けて彼女が出てきた瞬間、待ち構えていた私はスタートボタンを押しました。

ゆったりしたメロディのイントロが流れ、部屋中に甘いムードが漂い始めます。

♪散らかった〜床の上〜♪

ホッタビル402号室は今、彼女と私、2人だけの世界。

2人だけの甘い時間が流れています。

CDから流れてくる曲はまるで2人の愛を歌い上げるかのよう。

♪あなたのキスを数えましょう〜♪

当時私が大好きだった小柳ゆきの『あなたのキスを数えましょう〜You were mine〜』。

2人の初めての夜に、これ以上の曲はありません。

最高の夜になりそうな予感。

「……」

……なぜか彼女の様子がヘンです。

「どうしたの？」

「ちょっと鳥肌が……」

「何？　どうして？」

「……ちょっと怖い」

ムードを出すつもりがムードぶち壊し。

「私帰るね」

シャワーから出てきた途端に♪あなたのキスを数えましょう～♪ですから。

彼女がドン引きしたのも当然。よく呆れて「別れよう」と言い出さなかったものです。

あなたのキスを数えるどころか、せっかく盛り上がった彼女のテンションもだだ下がり、結局この日は何事もなく終わりました。

プロポーズの言葉

彼女といろいろな話をしている中で、こんな風に聞いたことがあります。

「洋子さんの将来の夢は何ですか？」

そのとき、ふと彼女がこぼしたのが……

「私の夢というか、できれば自分の家庭を作り、子供が欲しい」

お姉さんとともにフレンチレストランを3店舗も運営し、研修会にも足繁く通っている彼女からは想像もしていなかった答えでした。

「子供かぁ……」

彼女とつき合い始めた当初、私には〝結婚願望〟がありませんでした。子供の頃、常にケンカばかりしている両親を見て育った私は家庭に対する憧れがなかったのです。

さらにかつて結婚を前提につき合っていた彼女と別れて以来、あの地獄のような日々を体験した嫌な思い出とも相まって、一度も「結婚したい」と思うことはありませんでした。

そんな私の気持ちを変えてくれたのも彼女です。

「彼女の願いを叶えてあげたい」

彼女とは最初から真剣につき合っていました。

つき合い始めて1年と少し。

彼女は31才、私は44才になっていました。

2人の年齢を考えると結婚するなら早いほうがいい。

彼女が子供を欲しがっているなら私も欲しい。

場所は私の部屋。寒い冬の日でした。

エアコンもない部屋で電気ストーブを前に温まりながら、私は思いきって切り出しました。

「キミの子供が欲しい」

それがプロポーズの言葉。

今考えれば、なんて無茶苦茶なプロポーズでしょう。

「ボクの子供を産んで欲しい」ならまだわかりますが、「キミの子供が欲しい」です。

おそらく、いまだかつてこんなひどいプロポーズをした男はいないでしょう。

「子供を作って家族を作ろう」

不器用極まりないプロポーズですが、彼女はゆっくりと頷きながら答えてくれました。

「うん」

その瞬間、私は今日まで生きてきた44年間で一度も感じたことがないほどの幸せを噛みしめていました。

2004年1月15日——

今から19年と少し前。

あの研修会で初めて彼女を見てから1年と少し。

44才と31才で私たちは結婚しました。

第5章

栄光と挫折の代理店経営

年収2千万、飲み代2千万

独立して「安藤保険サービス」代表として一人で営業するようになってからは、私も遅ればせながら携帯電話を持つようになりました。

ホッタビル402号室が自宅兼事務所とはいえ、当時はまだ電話番もいません。外回りしている最中に連絡がつかないのでは、お客様からのトラブル処理などの緊急の連絡が入ったときにすぐに対処できなくて不都合が生じます。

保険の営業マンはただ保険を売るのが仕事ではありません。たとえばお客様が事故を起こしたときなどの対応も大切な仕事です。緊急事態が発生したときにお客様が頼りにするのは担当営業マン。それこそ24時間対応しなければいけないのです。

独立後は研修生時代にも増して飲みに行くことが多くなりました。当時私は人脈を広げる意味もあって、主に若手経営者が加入しているJCに入っていたのですが、JC会員の友人や、お客様の接待など、様々な機会で飲み歩きました。六本木あたりで、ときには明け方まで。

それは人間関係を築くためもありましたが、子供の頃から寂しがり屋の私は一人でいるより誰かと一緒にいたいタイプ。そんな人好きな性格も営業マン向きなのかもしれません。

独立後、独身時代はほぼ毎日のように誰かと飲み歩いていました。そしてお酒が入ると調子に乗って歌ったり踊ったり騒いだり。たぶん心のどこかに個人営業のストレスを溜めていたのでしょう。「この先一人でやっていけるのか」という不安を常に抱えていたのだと思います。お酒が入るとそうしたストレスが爆発して、ついやり過ぎてしまうのです。

「オレの奢りだ、どんどん飲め～」

気の置けない友達と飲んでいると、調子に乗って気前が良くなります。

カラオケに行ってもハメを外して歌います。

あの頃いつも歌っていたのがＳＰＥＥＤの『Ｗｈｉｔｅ Ｌｏｖｅ』。

沖縄時代を思い出してノリノリで歌って踊って。

そしてさらに興が乗って来ると歌いたくなるのが、ちあきなおみの『喝采』。

♪いつものよ～に幕が開～き♪

気がつくと、いつも気持ち良く歌い上げていました。

そして酔っぱらうと気が大きくなって、ついつい太っ腹になってしまいます。

「いいよ、オレが払うよ！」

ＪＣの友達はみんな私より稼いでいるというのに。

「あんちゃん凄いね～！　年収2千万、飲み代2千万だね」

友達にそう言って冷やかされるほど、稼いだ分をほとんど飲み代に使っていました。

独立した代理店となってからも伊豆七島への離島営業は続けていました。研修生時代から継続して契約をいただいているお客様のフォローや、地道な営業活動で築いた人脈から来る紹介営業、それに新規獲得の飛びこみと、島でやることはたくさんあるのです。

夜10時半、伊豆七島行のフェリーが竹芝桟橋を出港し、ゆっくりと東京湾を進んでレインボーブリッジの下を通る頃、私にはいつも決まってやることがありました。

「ああ、もしもし、あなたは今頃どこで何をしているのでしょうか？　私はこれから竹芝桟橋から伊豆七島に仕事に行くのでフェリーに乗っております。もしも、もしも気が向いたら電話ください。それでは……ぐんな〜い！」

船の上から友人知人10人ぐらいの知り合いに電話をかけるのです。

そんな夜中に電話したところで誰も出てはくれません。そもそも私からの着信だとわかると「どうせたいした用事じゃないだろう」と出てもらえません。それでも私は電話をかけて、メッセージを留守電に入れます。たとえ誰にも相手にされなくても。

「キレイな夜景だな〜」

暗いデッキに立っているのは私一人。デッキに立つとレインボーブリッジのライトが美しく輝き、真っ暗な海の向こうには東京湾越しに都会の夜景が見えます。そんな景色を一人で見ていると、さすがに寂しい気持ちになってきます。その寂しさを紛らわすために電話するのです。

「伊豆七島まで行ってきます」

それはある意味、伊豆七島に出撃する私の宣戦布告。友達に行先を伝えることで自分のモチベーションを上げていたのかもしれません。

「今から行ってくるぞ」

そう宣言することで、まるで離島営業という戦場に赴く兵士のように。

……もっとも相手からすれば迷惑な話だったでしょうけど。

経営者としてのリーダーの器

エーアイエムサービス株式会社を立ち上げてからもしばらくは私と母親の2人でした。相変わらず私は一人で外回りに出ては、新規獲得の飛びこみ営業や既存の顧客フォローなどで休む暇なく飛び回っていました。

そうして半年ほど経った頃、兄から私のもとに、一人の男性の履歴書が送られてきました。彼は兄の後輩で私と同じ年の芦屋くん。大手デパートの販売員だった彼は、私が独立して会社を設立したことを知り、「営業がやりたい」と兄を通して希望してきたのです。

経歴は申し分ありません。一流大手デパートで販売員としてお客様と接してきたのです。

私は即〝採用〟を決めて、芦屋くんが社員第一号になりました。

続いて社員となったのは23才の若い女性の市川さん。ハローワークに出していた募集を見て応募してきた彼女は経理希望でした。彼女も即採用。エーアイエムサービス株式会社を立ち上げて半年、ようやく私を含めて社員が4人になりました。

事務所を守る社員が入ったことで、それから私は芦屋くんを連れて外回りの営業に出ることにしました。いつまでも私一人が営業マンで契約を取っていては会社は大きくなりません。法人化して会社組織にしたのは、お客様を守ると同時に事業を大きくしていきたいから。そのためには売上を上げるのが私一人では限界があります。新規開拓、顧客フォロー、私同様にやって欲しいことは山ほどあるのです。「営業がやりたい」と希望してきた芦屋くんは私にとっては希望の星でした。

「一緒に営業に行きましょう。営業の基本は飛びこみです。一緒に飛びこみましょう」

芦屋くんと一緒に飛びこみました。最初できないのは当たり前です。

「もう一度飛びこんでみましょう」

でも彼の場合、何度やっても上手くできないのです。何回チャレンジしても、彼は私の後ろについてくるだけで一向に自分から積極的に営業しようとしないのです。

考えてみれば大手デパートはお客様のほうから来てくれますが、保険の営業はこちらから飛びこんでいかないといけません。お客様が来るのと、こちらから開拓するのはわけが違います。いくらやっても芦屋くんは契約を取れませんでした。そのうえ一流企業にいた変なプライドも邪魔して、自分から飛びこんでいけないのです。営業マンとして一人前になるには、まずは自分が謙虚で素直にならないと切り開けません。彼にはそれができなかったのです。

「彼には無理だ。営業は向いてない」

誰にでも得手不得手はあります。芦屋くんに飛びこみ営業は無理でした。そもそも営業が苦手だったのです。だからといって一度採用した以上、無下にクビにするわけにもいきません。

「これからは事務的業務を任せることにしよう」

経理業務や私の代わりに既存のお客様へのフォローなど、営業はできなくてもやって欲しいことはたくさんあります。代理店として売上を伸ばすには、飛びこみで新規開拓だけでは伸びません。既存のお客様へ小まめなフォローが必要です。「こういう商品が出ました。いかがでしょうか?」と新規商品をお薦めして販売したり、様々な情報提供やご案内をする。そうした既存顧客へのフォローがあって契約に結びつくことで売上が伸びていきます。〝新規＋既存のお客様〟が上手く回っていくことで代理店の売上が安定して成長し、盤石な体制となるのです。

しかし残念なことに芦屋くんは小まめなフォローが苦手でした。営業が上手くできないとお客様対応も上手くできないものなのです。お客様をフォローするには「お客様が何を

望んでいるか」を考えた対応をする必要があります。営業そのものが苦手な彼にはお客様の立場に立って考えるフォローができないのです。

私も採用した以上は責任があります。いずれやってくれるようになるだろうとグッとこらえて見守っていました。しかし我慢はしても、実際に数字が思うように上がらないとイライラします。経営者という立場上、売上が上がらないのは死活問題。会社の運営はもちろん、社員の生活もあるのです。

あれは毎月初めに行っている営業会議の席でした。営業会議では前月の数字を上げて、結果を振り返り反省するとともに、今月の数字の目標も立てます。

「先月の売上はどう思いますか？　もっと数字を上げようと思わないの、芦屋くん。お客様のフォロー、商品のご案内をもっとしっかりやってください」

いつまで経っても自分から数字を上げようとしない彼に少しきつい口調で注意すると、不貞腐れたような顔で下を向いて黙っています。

「何でやらないの？」

それでも不機嫌そうに黙っている彼を見て、ついカッとなった私はとうとう堪忍袋の緒が切れてしまいました。

「何でこんなことができないんだ、バカヤロー！」

今まで我慢していた感情が一気に爆発して彼のことを怒鳴りつけていました。

「バカヤローだと？」

すると下を向いて黙っていた芦屋くんも私に食ってかかってきます。

「売上が上がらないのは俺のせいかよ！　あんたの営業が悪いからだろ！」

なまじ年が同じだけに、いったんこうなるともう止まりません。

「営業もできないくせにふざけたこと言うなよ！」

「何だとコノヤロー！」

私もAB型、向こうもAB型、お互いに引きません。

「表に出ろ！」

「上等じゃねーか」

勢いで表に連れ出したものの、もともとケンカが弱いうえに彼のほうがガタイがいいのです。本気でやったらどう考えても私の負け。

「テメー、ふざけんなよ！」

相手は怒りにまかせて今にも本気で殴りかかってきそう。

「あわわわわ……」

思わず逃げだしそうになるところを必死にこらえて言いました。

「数字も上げられないくせに。もう来んじゃねーよ！」

「来ねーよ！　やめてやる！　こんな会社」

まるで小学生のケンカ。それでも経営者の私相手に啖呵を切ってしまった芦屋くんは気まずいのか、それから会社に来ませんでした。

「すいませんでした……」

それから3日ほど経った頃、いったん頭を冷やして冷静になったのか、芦屋くんは反省した表情で戻ってきました。彼とはこうしたケンカが2回ほどありました。

しかし芦屋くんばかりを責めるわけにはいきません。私にも反省すべき点があります。経営者として彼のモチベーションを上手に上げてあげることができなかったのです。

相手のモチベーションを上げる方法は2通りあります。「外的コントロール」と「内的コントロール」。内的コントロールはその人を褒めることで内側からモチベーションを上げるような接し方。外的コントロールは強引に外側から「やれー」とはっぱをかけるような軍隊式。当時の私はどうしても後者で、きついというか強く当たってしまうのです。こちらが強く当たると相手も反発します。芦屋くんとの一件もそうでした。

「これではいけない」

反省した私は経営者向けの研修会に参加してみました。

そこで言われたのが、

「クソ社長の会社にはハエしか来ない」

つまり社長の器が小さいと、ダメな社員しか集まらない。たとえ優秀な人材でもダメにしてしまうということ。社員がダメなのは、すべて自分がリーダーとして器が小さいから。すべては自分が原因。ウンコにはハエしか寄って来ないのです。

「私というウンコを改善しないといけない」

経営者である以上、自分を直さなければいけません。

「自分の器をリーダーにふさわしい大きさに成長させなければいけない」

私はそれを研修で学びました。

とはいえ頭ではわかっていても、なかなか思うようにはいかないのですが……。

大きなケンカから小さな小競り合いまで、何度もぶつかり合った芦屋くんですが、その後彼が定年を迎える60才までの17年間、エーアイエムサービス株式会社で働いてくれました。最後まで事務的業務一切を担当して会社の発展に尽くしてくれたのです。

〝偉大なセールスマン〟の称号

保険業界には「MDRT」という組織があります。正式名称は「Million Dollar Round Table」で、世界中の卓越した生命保険、金融サービスのプロフェッショナルが所属する独立したグローバルな組織。会員になるには「MDRT基準」という一定水準以上の売上を1年間で上げる必要があります。わかりやすくいえば、

年間の売上がトップレベルの優秀な生命保険営業マンがＭＤＲＴ会員になれるのです。

保険業界に入ったからには、すべての営業マンはこの「ＭＤＲＴ基準」をクリアしようと頑張ります。名刺に「ＭＤＲＴ」と入ることが「自分はトップクラスの営業マン」だという誇りと名誉の証となるのです。それはお客様への信頼にも繋がります。

今から16年ほど前、47才の頃に「ＭＤＲＴ」の存在を知って以来、私もＭＤＲＴ基準をクリアしようと必死に頑張りました。東京海上の研修生当時は損害保険だけの取り扱いでしたが、私が独立した1996年に〝生損保相互参入〟の業界再編がなされ、損保代理店でも生命保険が取り扱いできるようになったのです。実際に安藤保険サービスで生命保険を扱うようになってから、次第に損保の売上より生保の売上のほうが上になっていきました。

生保だからといって私の営業は変わりません。基本は飛びこみです。飛びこみで新規のお客様を獲得すること。これは何年経とうと私の変わらぬ営業スタイル。

もう一つの営業方法は、すでに損保で契約をいただいている既存のお客様にも生保商品をご案内して販売する、つまり損保と生保のセットで入っていただく営業です。

「保険はすべて安藤に任せてください。いかがでしょうか」

損保とセットで生保の契約をいただいたお客様もたくさんいます。

生保の場合、当時は〝節税対策〟の一環として保険に入る会社もありました。そうした目的の保険も売上に大きく貢献します。会社などの法人でまとめて入る保険は金額も大きいため、代理店としてはなんとしても欲しいのです。

「今年こそMDRT基準を達成したい！」

MDRTの称号を得るには1年間の売上が基準をクリアしないといけません。1年ごとに毎年の勝負。新年を迎えた1月1日から新たなスタートが切って落とされます。

その存在を知った2007年以降、MDRT基準を達成したいと私も一人で戦い続けていました。

「MDRTを達成したら、偉大なセールスマンだ」

自分にそう言い聞かせて、必死に頑張っていたのです。

「周囲に認められたい」

小学校のときから私の中には〝人に認められたい〟思いがずっとありました。MDRTを達成したいのも、人から認められたいから。なんとしても周囲に認められたいと必死でした。

その願いが叶ったのが、2008年。独立して12年目。

エーアイエムサービス株式会社を設立して8年目のことでした。

私はついに「MDRT」という〝偉大なセールスマン〟の称号を得たのです。

MDRT基準を達成して会員になると、年に1回北米（アメリカ、カナダ）で開催されるMDRT主催の「アニュアル・ミーティング」に参加することができます。

この「アニュアル・ミーティング」というのは、世界中のMDRT会員、つまり保険のスペシャリストが集まる世界大会。選ばれたトップセールスマンだけが参加できる、いわば〝生命保険業界のオリンピック〟です。

私も2012年に初めて参加しました。場所はアメリカ・アナハイム。参加するには登録料が必要で、それ以外にも旅費、ホテル代などの他に現地での食事代などもあり、50万円以上かかります。それらはすべて自費。自腹を切って参加します。

ミーティングでは華やかなムードの中、会長のプレゼンや、メイン会場を使った講演会、トップ中のトップの優秀なセールスマンが行うセッションなど、研修の内容も盛りだくさん。「問題解決話法」などのセールストークを学んだり、「生命保険管理表」という〝顧客カルテ〟を作って治療のようにお客様のライフプランに合った保険を提案するやり方を教えてもらったり、実際の営業場面で役に立つビジネスアイデアを学ぶことができます。

そしてなんといってもモチベーションアップ。全世界から1万人ほどのMDRTを達成した保険のトップセールスマンだけが集まってくるのです。その中には日本人も1000人ほどいて、みんな凄い人ばかり。年収何千万稼いでいる人ばかりです。その場にいるだけで刺激になります。

「オレも来年また来られるように頑張ろう!」

今年MDRT基準を達成したからといって来年また達成できる保証はありません。サラリーマンはクビにならない限り毎年もらえる給料が決まっていますが、我々保険の営業マンは毎年1月1日に〝ゼロ〟から始まります。新規獲得や契約更新といった営業に毎日奔走して売上を積み上げていかないといけません。

「来年も成績を上げられるのか……」

今年は良くても来年は不安になります。どんなに優秀な営業マンでも内心ではみんな不安です。ときに不安で圧し潰されそうになるほど一人で悩みを抱えているのです。

もちろん私もその一人。

営業マンはみんな孤独です。相手にされずに追い返され、トラブルが発生すればなじられ、休みの日でも仕事のことが頭から離れず、常に売上が心配でたまらない。何があろうと自分自身で売上を上げないといけない営業マンは、たった一人で戦い続ける孤独な戦士。このままやっていけるのか、不安で不安でたまらなくなることさえあります。

そうした不安を払拭するには、向上心を持って自分を磨くこと。お客様から信頼を得られるような自分にならなくてはいけません。いくらセールストークが上手くても相手から信用されなければ営業マンとして失格。保険を売るには営業力だけでなく、人間性も重要なのです。

MDRT世界大会の会場にいるのは、そんな不安を乗り越えてきたスペシャリストばかり。

「なんだ、この凄いオーラは！」

世界大会に初めて参加した私は、厳しい基準をクリアしたトップセールスマンたちの放つオーラに圧倒されそうになりました。

なにしろ参加者全員がMDRT基準を達成しているスペシャリストなのです。その中にはMDRTの3倍の成績を上げている「COT」（Court of the Table）、さらにその上のMDRTの6倍の成績を上げている「TOT」（Top of the Table）、まさに〝トップの中のトップ〟の営業マンもいます。

「何なんだ、この人たちは……？　今まで見てきた営業マンとは全然違う」

日本を発つ前には自信満々でした。MDRTを達成したことで「オレは凄いんだ。偉大なセールスマンなんだ」と慢心していました。

ところがアニュアル・ミーティングの会場に着いてみたらまったく違いました。当たり前です。みんなトップセールスマンなのです。私なんてMDRTになりたてのヒヨッコ同然。私など足元にも及ばないもの凄い人たちばかり。

「こんなに凄い人たちがいるのか」

MDRT基準をクリアしたことで天狗になっていたのです。自分の知らない世界を知ったことで、ピノキオのように伸びきっていた鼻っ柱を見事にへし折られました。

「こんな自分じゃダメだ」

私は自分が井の中の蛙だと思い知らされました。

ＭＤＲＴで満足していてはいけない。

「頑張ろう！　もっと上を目指そう!!」

初めて参加した世界大会で刺激を受けた私は決意も新たに「さらに上を目指す」と心に誓ったのです。

売上6倍を目指して

「もっと上を目指さなければいけない」と決意した私は、日本に戻ると馬車馬のように働きました。自分に対しても厳しく、社員に対しても厳しく、ときに怒鳴り声を上げて叱りつけたりもしました。それはある意味、自分自身に対しての叱咤激励でもありました。

「まだまだ売上が足りない。もっと売上を上げなければ。今の6倍だ、6倍！」

私が目指したのは「ＴＯＴ」。まさに保険業界の〝トップオブトップ〟です。

世界大会で頂点に立つＴＯＴの人たちを見て以来、私のＴＯＴへの憧れは強くなる一方でした。

そのためにはＭＤＲＴ基準の6倍の売上を上げないといけないのです。ＭＤＲＴ基準を達成するのでさえ独立してから12年かかりました。今までと同じようにやっていては

TOTになるのにどれだけ時間がかかるかわかりません。現状に甘んじていてはTOTなど夢のまた夢。とうてい達成することなど不可能。自分にも厳しく、社員にも厳しくしないとTOTへの道は開けないのです。

「営業ができないんだったらお客様対応をもっとしっかりやってくれなきゃ困るよ！　お礼状を書くとか、新商品のご案内をするとか、やるべきことはいっぱいあるでしょ！」

当時すでに私の他に社員が3人。しかし相変わらず営業マンは私一人。新規開拓の飛びこみ営業に加えて、既存の顧客への営業、それ以外にも顧客フォローやトラブル対応、保険会社との折衝など、私一人ではとても手が回らないほど。

しかもそれだけやっても一人の売上では限界があります。やってもやってもなかなか上がらない売上を見ると、どうしてもイライラしてしまいます。

「なんでできねーんだ！　ナメてんのか！」

気がつけば社員に当たり散らしていました。

おそらくそれは、なかなか売上を伸ばすことができない自分自身に対する歯がゆい思いもあったのだろうと思います。

「成績は上げたい。でもなかなか思うようにいかない。社員も言うことを聞かない」

悶々とした気持ちで家に帰ると、家にいてもイライラして落ち着かず、妻にまで当たってしまいます。

「代わりに営業に行ってこいよ！　オレが代わりに家事やっててやるから」

「家事なんてやったことないくせに」

「じゃあお前稼いでみろ！　やれるもんならやってみろ！」

「稼いでくるわよ！　稼いでくればいいんでしょ！」

「うるせー！」

売り言葉に買い言葉。これだけ言いたいことを言われては、さすがに妻も我慢できません。

「お前は家にいるからいいよな。オレは一日中外回りして疲れて。オレの気持ちにもなってみろよ！」

「あなたが〝家にいろ〟って言ったんでしょ」

実は結婚するときに「結婚したら仕事はやめて欲しい」と頼んだのです。

父親譲りの〝昭和のオヤジ〟気質の私は「女は結婚したら家にいるものだ」という古臭い考え方が染みこんでいることもありますが、子供の頃に両親が共働きで寂しい思いをしたこともあって「将来子供を授かったら子供たちのためにも家にいて欲しい。だから結婚したら仕事はやめて欲しい」と半ば強引にレストランの仕事をやめてもらったのです。

「なによ、仕事のときだけいい顔して」

理不尽な私の怒りに疲れたように、少し悲しい顔をした妻はポツリとそう呟きました。

「父親と同じだ。今のオレはあのときの父親だ」

父親は典型的な〝昭和の男〟で、男尊女卑を地で行くような性格でした。家庭の中では〝自分が一番偉い〟という態度で〝女子供は俺についてこい〟とばかりに母親や子供には厳しく、いつも怒鳴り散らしていました。

子供の私から見ても、お世辞にも両親の夫婦仲は良くなく、夜になると夫婦ゲンカが絶えませんでした。もっとも怒鳴り散らしているのはもっぱら父親のほうで、母親はそんな父親のガミガミうるさい文句をただ黙って聞いているだけ。そこでもし面と向かって文句の一つでも言おうものなら大変なことになるので、ただひたすら我慢するしかありません。その代わり、父親のいないところでは、子供の私によく父親の悪口を言っていました。

今思えば母親は私たち兄弟のために、じっと我慢して父親の我がままに耐えていたのでしょう。

私はそんな父親が嫌でした。

ところが今、私はあれだけ嫌だと思っていた父親と同じことをしていたのです。幼少期に感じた父の理不尽さ。それを今まさに自分が体現している。

妻に対しても、社員に対しても……。

しかしわかってはいても、つい我慢できずに当たり散らしてしまう。

私はそんな自分が嫌で嫌で仕方ありませんでした。

念願の〝ＴＯＴ達成〟

「絶対にＴＯＴになる！」

必死に成果を求め続けて2年。あの世界大会に初めて参加してから2年後の２０１４年。

ついに売上6倍を達成。目指していたＴＯＴ基準「年間保険料2億円」をクリア。

私はついに目標だった「ＴＯＴ」になりました。

「やり遂げた！　やっと達成した！」

新規開拓の飛びこみもやりました。地道に顧客フォローも続けました。伊豆七島にも営業に行きました。保険の売上は急にポンと伸びるわけではありません。地道に積み上げて積み上げて、やっと6倍の売上に繋がったのです。

ＴＯＴを目指すからといって「売りたい売りたい」と、ただ数字を追いかけていては達成できるものではありません。

私の尊敬する方で〝保険の神様〟と呼ばれているトニー・ゴードンさんというトップセールスマンがいます。ＭＤＲＴ世界大会でも講演したり、本を何冊も出したり、保険業界では最も有名な方の一人。その方の言葉にこんな言葉があります。

『話法を変えて売れたわけではない！　自分の考え方を変えたら売れただけさ！』

営業とは小手先のテクニックが上手くなれば売れるというわけではありません。自分自身を変えること。自分自身の考え方を変えることでお客様から信頼されること。お客様から信頼を得られなければ、どんなにいい保険でも売れないのです。そのためには向上心を持って自分を磨くこと。自分自身を変えること。すべては〝お客様のために〟。

数字はあくまでも結果に過ぎません。後からついてくるもの。優先すべきは自分都合ではなく〝お客様都合〟。お客様あっての私たち営業マンです。すべては〝お客様のために〟の精神を決して忘れてはいけないのです。

私がＴＯＴを達成した２０１４年当時、保険の営業マンは生保レディも合わせて日本に１００万人ほどいました。その中でＴＯＴは70人程度しかいません。まさに名実ともに、保険業界の〝トップオブトップ〟に立ったのです。

「これで胸を張ってフィラデルフィアに行けるぞ」

初めてＭＤＲＴ世界大会に参加して以来、自分を向上させるため、モチベーションアップのために、毎年世界大会に参加していました。そしてついに今年は自分がＴＯＴとして参加できるのです。

「ＴＯＴ」といえば保険業界の憧れのスター。世界大会に参加している1万人の中でＴＯＴはわずかに２００人〜３００人ぐらいしかいません。まさにスペシャリストの中のスペシャリスト。ＴＯＴだけ胸に白いリボンをつけているので、会場にいる誰が

TOTなのか一目でわかります。

「一緒に写真を撮ってください」

会場ではMDRT会員からさかんに声をかけられます。私がTOTに憧れたように、彼らもまた私を見て「もっと上を目指そう」とモチベーションをアップさせるのです。

「みんなのオレを見る目が変わった」

TOTになったことで周囲の態度ががらりと変わりました。

まさにVIP扱い、スター扱い。

「やっと世界中で認めてもらえるようになった」

子供の頃からずっと追い求めていた「人に認められたい」という長年の願いがようやく叶えられたのです。

「これでようやくトップに立てた」

それは私がこの世界に入ってからずっと夢見てきたもの。

「オレは今、最高の気分だ！」

ついに私は〝保険業界のトップに立つ〟という目標を手に入れたのです。

「最高に幸せだ!!」

そのとき私は今までの人生で感じたことがないほどの満足感と達成感に包まれていました。

100万回飛びこんだ先に見えたもの

念願のTOTになったことで、私の最も叶えたかった夢が実現しました。周囲からも一目置かれ認められるようになりました。念願だった〝トップオブトップ〟を手に入れたのです。

……でも満たされませんでした。

まるで心にぽっかり穴が空いてしまったかのように。

「この虚しさは一体何だろう……」

人生が一番上手くいっているはずなのに、どこか満たされない自分がいる。

「目標も達成した。お金も回るようになった。でも何でだろう？」

〝お客様のために〟を第一に、その一心で働いて〝お客様の幸せのために〟貢献してきたはずなのに。

でも周囲を見渡せば、私から厳しく言われて疲れきった社員。

そして家庭に帰れば、妻や子供たちを幸せにできていない自分。

なかなか子供ができず、肉体的にも精神的にも金銭的にも辛く苦しい不妊治療の末に、結婚7年目にしてようやく授かった子供なのに、妻を見ているとあまり幸せそうには見えないのです。振り返ってみれば私は常に仕事優先で家庭を顧みず、幸せな家庭を築けていませんでした。

「たくさんの人に支えられてきたのに、そのたくさんの人たちを幸せにできていない」

そう気づいたのです。

「お客様に対しても、もっといろいろできることがあったんじゃないのか？」

〝お客様のため〟と思いながらも、心のどこかに数字を優先していた自分がいたんじゃないのか。お客様のことを考えていない自分勝手な営業をしていたんじゃないだろうか。

「一体オレは何をやってきたんだろう」

今までずっと一心不乱に〝前へ前へ〟と突っ走ってきた人生。ふと立ち止まって振り返ったとき、自分の心になんとも言えない虚しい思いが生まれてきたのです。

「しょせん自己満足だったのかな……。自分のためだけにオレは成績を追いかけていたんじゃないのか？」

もしかすると私は〝人に認められたい〟という自分の欲求を満たしたいためだけに、ここまで必死に頑張ってきたのかもしれません。ＴＯＴという保険営業マンにとって最大の目標を達成したことで皮肉にもそのことに気づいてしまったのです。

この40年間というもの、成績だけを追いかけていた自分に対する虚しさ。言いようのない空虚感を感じていました。

「人生の目的は、もっと違うところにあるんじゃないか」

人生には目標と目的があります。TOTになるという目標は達成したけれど、目的はもっと違うところにあるのではないか。

「人生の目的って何だろう？」

私は自問自答していました。目標を達成しただけでは意味がないのです。肝心なのは〝目的〟。TOTになるという目標は達成したけれど、本来の目的とは違っていました。

「オレの生きる目的って？」

このとき私は〝人間本来の生きる目的〟に気づいたのです。

それは……〝真の幸せ〟になること。

「家族の幸せ、社員の幸せ、まわりの人の幸せ」

それが〝真の幸せ〟。

私は自分の目標を達成するために、ただがむしゃらに突き進み、まわりを見ることを忘れていました。私を支えてくれている人たちのことを。

社員への感謝の気持ち。お客様への感謝の気持ち。

そして何よりも妻、そして子供たち、家族への感謝の気持ち。

イライラして感情に任せて一方的に怒鳴り散らしたこともありました。なかなか成績が上がらない鬱憤を晴らすかのように八つ当たりしたこともありました。家庭を顧みずに仕事優先で妻や子供たちに負担をかけ通しでした。

そんな私の理不尽で無責任な態度にも、妻は私を見捨てずについてきてくれました。仕事面でも私を助けてくれました。社員の悩みを聞いて相談に乗ってくれたり、女子会を開いて社員同士の風通しを良くしてくれたり、陰となり日向となり私を支えてくれました。こうして私が今あるのも妻の力が大きいのです。どんなに感謝の気持ちを伝えても伝えきれません。私がここまで頑張れたのも、妻あればこそ。

「本当にありがとう」

人生の目的とは幸せになることです。もちろん世間のお役に立てることも大事な目的ですが、もっと大事なことがあるのです。

「1日100軒飛びこんだ先にどんな景色が見えるのか。さあ、その景色を見てきなさい!!!」

小柳證券時代、あの新人研修で聞いた藤木部長の言葉を思い出します。

23才で営業マンになってから今年で40年。この40年間で様々な景色を見てきました。全国1位にもなりました。海外赴任では自分の無力さを嫌というほど味わいました。天国と地獄のセールスも経験しました。損保研修生ではライバルたちとのサバイバルに勝ち抜き、独立代理店となってからは保険業界の頂点に上りつめました。

「よし！　オレは今日から100万軒飛びこむぞ!!」

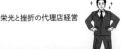

そう誓ったあの日から40年。

100万回飛びこんだ先に見えたもの。

それは〝自分にとって一番大切なもの〟でした。

「自分にとって一番大切な人たちを幸せにすること」

それは人生の目的。

〝真の幸せ〟になること。

私は40年かかって、やっとそこに気づいたのです。

新しい人生を築くために

「自分を変えよう」

それからの私は今までの自分から変わろうと必死でした。頻繁にセミナーにも参加しました。マネージメント、コーチング、選択理論心理学……様々なセミナーに参加して、自分を変えるきっかけを掴もうとしました。

「もう一度自分自身を見つめ直すんだ」

今までがむしゃらに営業だけに生きてきた自分の人生を変えようとしたのです。

それまでの私は相手を変えようと必死な人生でした。

「オレが正しい。お前が間違ってる」

我が強い私は妻に対しても社員に対しても、相手を罵倒するような態度で接してきました。

「こんなこと言ったらダメなのに……」

心の中ではそう思っていても、ついガミガミ言ってしまう。我慢していても最後には怒鳴り散らしてしまう。

わかっちゃいるけど変われない自分。父親の理不尽さがどこかに染みついている自分。

「だから変わりたい！　もっと良い自分になりたい!!」

そのためには〝優しくなる〟こと。相手のことを〝受け入れる〟こと。相手の身になって、相手の望むことを親身に聞いたり思ったりするような思考回路になること。

「そういう自分になりたい」

設立した当初は五反田の古びた木造2階建ての雀荘あとがオフィスだったエイアイエムサービス株式会社も、今は目黒にオフィスが移りました。

五反田から目黒に移って10年ほど。妻がセレクトしてくれた白を基調にしたインテリアで統一されたオフィスは清潔感があって綺麗で落ち着いた雰囲気です。

今は私を含めて社員が5名。私以外は全員女性です。

ありがたいことに最近になって変わったのは、社員たちが凄く成長していること。以前は私一人が営業して顧客フォローしてトラブル対応して……と、何から何まで一人でこなしていたのが、社員が自ら進んで顧客フォローを担当してくれるようになったのです。

「御社のスタッフさんはレスポンスがいいね。対応が早くて助かるよ」

お客様からそう言って褒めていただくことも出てきました。

具体的に以前と何が変わったかというと、目標を立てること。売上という数字は目標を立てても達成できるかどうかわかりません。唯一コントロールできるのはプロセス。毎月1回、月初めに行う営業会議で「月に20軒のお客様を訪問する」「月に20軒のお客様にご案内をお送りする」といった最低限の目標を設定するのです。数字は管理できないけれど、プロセスは管理できる。営業マンとして、それが一番大切な目標です。

今まで人を育てることが苦手で〝オレがオレが〟だった私にも変化が表れてきました。何でも自分一人でやろうとせず、人に任せることを覚えました。今では安心して社員に任せる仕事が増えました。それとともに以前にも増して売上も伸びてきています。

早いもので、独立した代理店となってから今年で27年目になりました。

おかげさまで独立した当初から売上上位の優秀な代理店として、東京海上から「専業代理店年間優績表彰制度」で27年間連続表彰していただいています。全国に5万店ある代理店のうち、最初から連続表彰を受けているのは10店だけ。その中の1つに選ばれていることは、私にとってこの上ない栄誉です。

それもこれも私を支えてくださった皆様のおかげ。

今はただ、感謝の気持ちしかありません。私を支えてくださった皆様に恩返しするためにも、私はさらに自分に磨きをかけていかなければいけないのです。

「もっともっと自分が変わらなければいけない」

それはわかっています。でも、どうしても自分の〝我〟が出てきてしまう。

それでも私は諦めません。営業と同じように諦めない粘り強さが私の信条。

「こんな私だからこそ、人を幸せにできる自分になりたい。大切な人を守れる自分になりたい」

目標達成だけが人生じゃない。本来の〝生きる目的〟を達成するために。

ここからが私の新たな人生。

新しい人生を築くために。

愛と感謝を伝えられる自分になるために。

立ち止まらずに前へ前へ。

「過去と他人は変えることはできないけれど、自分と未来は変えることができる」

——そう信じて。

〝真の幸せ〟になるために。

私の挑戦はまだ始まったばかりです。

エピローグ

今までに何度かこう聞かれたことがあります。

「なぜ営業が好きなのか？」

そのたびに私はこう答えます。

「それはたぶん、営業の楽しさを知っているから」

100軒で1軒の契約をいただいて、認めていただく喜び。

逆にいえば100軒で99軒は断られます。

営業は甘くはありません。だから「やりたくない」と思うのが普通です。

でも、そこを乗り越えていく楽しさ。壁を乗り越える楽しさ。

そうです。

そこに山があるから登る。そこに家があるから飛びこむのです。

新卒の23才で證券マンとして営業の仕事に就いて以来、私はずっと営業しかやってきていません。

頭もなければコネもない。私のようなごくごく平凡な一般人でも、なんとかここまでやって来られました。それはひとえに皆様のおかげです。

そんな私にたったひとつだけ強みがあるとすれば、それは人と会うのが好きなこと。人を喜ばせるのが好きなこと。

その強みを活かせたのが飛びこみ営業でした。

そこで培ったものを皆さんにお伝えして少しでもお役に立ちたい。私のような営業しか能のない人間でも、皆さんに勇気や希望を与えられるのではないか。私にできることが何かあるはず。

その思いから、この本を書かせていただきました。


私は現役の営業マン。

営業しかできない私ですが、私にはこれまで40年間の経験で培ってきた自信があります。何だって売れます。エスキモーに冷蔵庫でも売れます。

「売りたい」

売れるものがあれば、自然にそう思ってしまうのです。

私にとって営業は天職。

ひょっとして私は営業のために生まれてきたのかもしれません。

今でも私はいつでもアンテナを張っています。一人でふらっと入ったお店の食事が美味しければ、「今度営業に来てみようかな」と思ってしまうのです。

そういえば先日、ランチタイムに入った目黒の中華屋さんでも店長に名刺をいただきました。麻婆豆腐好きな私ですが、その店の麻婆豆腐があまりにも美味しくて、つい店長に聞いていました。

「ここの麻婆豆腐美味しいですね～！　私、麻婆豆腐大好きなんですよ。お客さんもいっぱい入って儲かってるでしょ？」

「ところで、このお店以外に何店舗あるんですか？」

「チェーン店ですか？」

「本店はありますか？」

「保険はどこに入ってるんですか？」

いつものクセで、気がついたらそんな質問をしていました。

たぶん、これはもう営業マンとして染みついた私の本能なのかもしれません。

「ボクにはわからないですねえ」

私の質問に困ったような顔をすると、店長は店の奥から名刺を取ってきて渡してくれました。

「本店に聞いてみてください」

私はすぐに名刺に書いてある本店の場所を調べました。

「本店はどこだろう？　西五反田か」

エーアイエムサービス株式会社を立ち上げたときに借りた懐かしい五反田のオフィスの近く。目黒にある今のオフィスからも遠くありません。

「会社から近いな」

そうとわかれば、やることはひとつ。

「行かなきゃ」

店を出た私は大きく背伸びをしてみます。

見上げると、雲ひとつない気持ちのいい青空が広がっています。

「よ〜し！」

自分に気合を入れるようにそう呟いた後、私は今までに何万回も繰り返してきた言葉を口にするのです――。


「さあ、飛びこむぞ!!」

私の飛びこみ人生は、まだまだこれから。
この先も続いていくのです――。

プロフィール

安藤博章（あんどう・ひろあき）

1960年生まれ。大学卒業後、小柳證券（当時）に就職し、営業マンとして全国トップとなる。1993年、東京海上火災保険株式会社の代理店研修生として入社。1996年11月にトップセールスマンとして独立し、「安藤保険サービス」創業。2000年11月、「エーアイエムサービス株式会社」設立。2010年11月、設立当初の五反田の事務所から目黒の現事務所へ移転。事業内容は「損害保険事業」「生命保険事業」。東京海上グループ「専業代理店年間優績表彰制度」27年連続入賞。エヌエヌ生命保険「コア・プラチナ会員」。一般社団法人MDRT日本会15年連続会員。「TOP of the Table（TOT）会員」2014年度・2015年度・2020年度。「COURT of the Table（COT）会員」2016年度・2018年度・2019年度・2021年度・2022年度。

成功《せいこう》へと導《みちび》く昭和流仕事術《しょうわりゅうしごとじゅつ》のススメ

100《ひゃく》万《まん》回《かい》飛《と》びこんだ男《おとこ》

安《あん》藤《どう》博《ひろ》章《あき》 著

2023年8月4日 初版発行

発行者 磐崎文彰
発行所 株式会社かざひの文庫
〒110-0002 東京都台東区上野桜木2-16-21
電話／FAX：03（6322）3231
e-mail：company@kazahinobunko.com
http://www.kazahinobunko.com

発売元 太陽出版
〒113-0033 東京都文京区本郷3-43-8-101
電話：03（3814）0471 FAX：03（3814）2366
e-mail：info@taiyoshuppan.net
http://www.taiyoshuppan.net

印刷・製本 モリモト印刷

出版プロデュース 谷口 令
編集 鈴木実（21世紀BOX）
装丁・イラスト SENJI
DTP 宮島和幸（KM-Factory）
SPECIAL THANKS 安藤陽子

ISBN978-4-86723-134-0